内村鑑三問答

鈴木範久［著］

新教出版社

序にかえて

青年時代、一夏かけて『内村鑑三著作集』全二一巻を通読してから、はやくも六〇年になる。この間、『内村鑑三全集』全四〇巻（岩波書店）の編集、および『内村鑑三日録』全一二巻（教文館）の執筆などに従事した。それぞれ準備期間も含めると各一〇年、併せて二〇年間は費やされた。このような仕事を続けている間に、内村鑑三を見る筆者の年齢も当然ながら移り進んでいった。若い頃には、内村は、仰ぎ見るほど高所に居る存在だった。しかし、研究の対象である以上、可能なかぎり客観視につとめてきた。そうしているうちに、いつの間にか、筆者自身、内村が世を去った年齢を通り越し、今では、それよりも二〇年ほど年長者になっている。

その結果、内村を把握する眼も徐々に変化していった。はじめの頃は、嵐に抗してひとり立つ内村にひかれたが、自分自身年齢を重ねるにしたがって、しだいに内村自身のもつ弱者に対する視点の方に、より多くの共感を覚えるようになった。いわば、ヒーローとしての内村でなく、同じ人間としての内村である。

内村は、アメリカでは、まずエルウィンの知的障碍児の養育院ではたらき、知力の弱い児童に接した。その後、アマスト大学をへて、続いて学んだハートフォード神学校は中途退学したために、牧師としての資格を取得できなかった。その結果、教界では無教会すなわち弱者として社会に立ったといってよい。

そのことは、一九〇一（明治三四）年三月に創刊された小誌『無教会』の巻頭に掲げられた次の言葉でよくわかる。

「無教会」と云へば無政府とか虚無党とか云ふやうで何やら破壊主義の冊子のやうに思はれますが、然し決して爾《そ》んなものではありません、「無教会」は教会の無い者の教会であります、即ち家の無い者の合宿所とも云ふべきものであります、即ち心霊上の養育院か孤児院のやうなものであります、「無教会」の無の字は「ナイ」と訓《よ》むべきものでありまして、「無にする」とか、「無視する」とか云ふ意味ではありません、金の無い者、親の無い者、家の無い者は皆な可憐な者ではありませんか、さうして世には教会の無い、無牧の羊が多いと思いますから茲《こゝ》に此小冊子を発刊するに至つたのであります。（「無教会論」、原文総ルビ）

一方、第一高等中学校における「教育勅語不敬事件」、日露戦争における非戦論は、今なお学校によっては、授業でも語られるほどの日本では反国家的な事件であった。右に述べたことからもわかるように、内村という人間は、強いのか弱いのかわかりがたい。まさに大きな「謎」にみちた人間だった。

前述したように、内村鑑三という人間と関わって数十年、そのことは、筆者本人にとり、大きな課題であった。それは、同時に読者から問われる関心でもあった。本書は、その内村のもつ「謎」をいくつか取り上げ、その回答というよりは、その「謎」への接近を試みたものである。その意味では、本書は、内村に関する問答書であり、同時に補遺書であり、そのような形で内村の実像への接近を試みたものである。

また、これは筆者個人の内村鑑三の研究および調査の一端を明かすことにもなるが、昔から、内村に関する資料は、ほぼ年単位にファイルを作成し、そのなかへ日時順に入れていた。その結果が一九九三（平成五）年の第二巻より刊行を開始した『内村鑑三日録』全一二巻である。最終刊は一九九九年であるから、刊行年月だけでも七年間要している。

その刊行後からも、さらに二十数年の歳月が過ぎた。この間、最初に本書を新聞などで紹介してくださった家永三郎氏も立花隆氏らの方々も、今は世を去られた。歳月こそ流れたが、他方では『日録』に入れておけばよかったと思う資料も加わってきた。そのことが、このたび、本書を公刊する大きな理由でもある。その意味で本書は『日録』の補遺書である。

資料として用いたもののなかには、長い間にわたり筐底《きょうてい》に眠らせておいたままだったものが若干ある。その一つは公表の時期の問題、また、二つは版元の問題によっている（これは二点）。しかし、そのまま放置していたならば、最後は人に知られることなく廃棄されるだけなので、あえて本書に収めた。
それらは次の資料である。

一、たけとの最初の結婚に関する娘ノブからの、内村美代子氏による聞き書きで「四　最初の結婚はなぜ破綻したのか」に収載。

二、未公刊に終わった『教育宗教衝突論資料』の「解題」で、「八　「不敬事件」はなぜ大騒ぎになったか」に収載。

三、「一三　他教徒との交流はあったか」の「3　『安心決定鈔』を読む」は『あんじゃり』三一号（二〇一六年六月）に発表したものであるが、仏教系の雑誌のため、キリスト教関係者には、まったく知られていない。これは「一三　他教徒との交流はあったか」のなかに収めた。

巻末に、現在の筆者としては、もっとも正確とみている年表を付した。

目次

＊内村鑑三の文章は原則として『内村鑑三全集』全四〇巻（岩波書店、一九八〇～八四）を用いた。たとえば「（全一五）」は全集一五巻を表す。ルビや圏点などは適宜省略した。

装幀　ロゴス・デザイン　長尾　優

内村鑑三問答

一　東北か西南か

最初に次の話を紹介しておきたい。

それは、明治学院出身の牧師宮田熊治から直接聞いた話である。

宮田自身は北陸の出身であったが、明治学院では、のちに同大学の院長になる村田四郎と同期であった。山口県出身の村田は、明治学院入学にあたり院長井深梶之助の面接を受けた。井深は前に坐った村田の顔をハッタとにらみつけ、開口一番「君は長州だな！」と語気鋭く言ったという。井深は会津出身であり戊辰戦争に従軍していた。村田が明治学院に入学した年は明治末年である。それにもかかわらず戊辰戦争は、キリスト教信徒の間にも活きていたのである。

1　明治維新の大変動

内村鑑三は、一八六一（万延二）年に上州高崎藩士内村宜之の長男として江戸に生まれた。高崎藩は禄高こそ八万二千石であったが、代々松平姓を名乗る譜代大名であった。父宜之は、禄高五十石、鑑三の出生時には殿様御側という役職をつとめていた。いわば若き藩主の秘書および家庭教師のような役職にあったとみてよいだろう。

高崎藩は譜代大名であったが、明治維新における立ち位置は微妙であった。一八六七（慶應三）年、徳川慶喜の「帰順」表明により、歴史は一転、翌年はじめには、官軍の東山道総督の高崎通過の防備の任にあたる。まもなく藩主は、松平姓を、過去に先祖の名乗っていた大河内姓に改名。これも、その反映であろうか。同じころ、幕府の重臣だった小栗上野介を領内で捕らえ斬首に処している。

一八六九（明治二）年、大河内輝声は高崎藩知事に任命された。二年後の一八七一年には父宜之も登米県少参事から高崎に帰り、高崎藩少参事に任命された。しかし、まもなく、廃藩置県により両人とも免職となる。

内村鑑三は、この日本と高崎藩の大変動を、年齢七歳から一二歳にかけて体験、特に譜代大名でありながら薩長を中心とした新政府のもとで翻弄された高崎藩の動向は、少年の身でありながら、心身に深く焼き付いたであろう。その一つが、小栗上野介忠順（一八二七－一八六八）への思いであった。小栗は旗本として一八六〇年、幕府の派遣した遣米使節の一員として渡米、帰国後、外国奉行、勘定奉行をつとめ、横須賀に製鉄所を建設するなど幕府の軍事力強化につとめた。しかし、一八六八年、徳川慶喜の「帰順」に反対し徹底抗戦を主張した。そのため、新政府から追われる身となり、自己の所領（今の高崎市の一部）で逮捕、烏川ノ河辺で斬首に処せられた。当時、内村は八歳であったが、烏川といえば、そのころの遊び場であった。おそらく、処刑の話は耳にしたにちがいない。のちに『万朝報』の記者時代に、その担当した記事「胆汁数滴」のなかで次のように記している。

大虚偽

余輩は思ふ新日本は薩長政府の賜物なりといふは虚偽の最も大なる者なりと、開国、新文明、封土奉還は一として薩長人士の創意に非ず、否な、彼等は攘夷鎖港を主張せし者なり、而して自己の便宜と利益との為めに主義を変へし者なり、即ち彼等は始めよりの変節者なり、新文明の輸入者とは彼等が国賊の名を負はせて斬首せし小栗上野介等の類を言ふなり、真正の開国者とは渡辺崋山、高野長英等の族《やから》を言ふなり（全四「胆汁数滴」、原文総ルビ）

内村の小栗への思いは最晩年に至るも変わらず、一九二八（昭和三）年、蜷川新により『維新前後の政争と小栗上野の死』（日本書院）という著書が出ると、同書を札幌の長男祐之の家にまで送付しているほどである。このことを、祐之の妻美代子は次のように記している。

『維新前後の政争と小栗上野介《ママ》の死』という蜷川新氏の著書が出版された時には、札幌の私のもとへ、わざわざそれを送って下さったほどの喜びようで、目次の内、後編の五、「慶應三年十二月九日のいわゆる小御所会議と山内容堂の正論、岩倉及び西郷の権謀」以下の七章にはそれぞれマークが付されており、文中に勝海舟を罵って、「智あれども義なし」とした所には傍線を引いて、「痛快」と赤鉛筆で書き入れがしてある。（内村祐之『鑑三・野球・精神医学』日本経済新聞社、一九七三）

2　徳川家康観

右に述べたように内村鑑三の薩長政府批判は実に痛烈なことで知られ、また、数も多い。したがって、ここでは具体例の叙述はその指摘だけにとどめ、代わって徳川家康観をみてみよう。

徳川家康に関しては、まず、『後世への最大遺物』（一八九七）の末尾で次のように述べている。

徳川家康のエライ所は沢山ありますけれ共、諸君の御承知の通り子供の時に川原へ行つて見たところが、子供の二群が戦さをして居つた。石撃《いしぶつ》けをして居つた。其所へ行つて見て、家来に人数の少い方を手伝つてやれと云つた。多い方は宜から少い方へ行つて石撃《いしぶつ》けをやれと云つた。アレ等が徳川家康のエライ所であります。それ何時《いつ》でも正義と云ふものは少数、正義に立つ者は少数の位地を取つて居る。（全四）

内村は、別のところでも家康の有名な次の歌に言及して言う。

惰《おこた》らず行かば千里の外も見ん
　牛の歩みのよし遅くとも

と徳川家康が詠《よ》んだ通りである。大天才の豊臣秀吉の為す能はざる事を、大凡才の徳川家康は為し遂げたのである。牛進主義である。毎日少しづゝ働いて山をも平らげ、海をも干《ほ》さんとするのである。此《か》くなして我等は神に倣《なら》ふて働くのである。宇宙万物が成りしも此途に依つたのである。（全二八「人生のＡＢＣ」）

家康の出身地の岡崎は筆者の出身地でもあるが、近所の家の床の間に家康の次の言葉の書かれた掛け軸を掲げた家が少なくなかった。

人の一生は重荷を負うて遠き道を行くがごとし　急ぐべからず

なお、書き加えるならば、内村の長年連れそった妻しづは、旧岡崎藩士岡田透の娘であった。岡田透は岡崎時代に同藩の藩士志賀重職から学問を学んでいる。この志賀重職の子が、内村の札幌農学校の後輩志賀重昂であった。前述の講演「後世への最大遺物」は、一八九四（明治二七）年、箱根の芦ノ湖畔で開催されたキリスト教青年会第六回夏期学校で行なわれた講演であるが、

石合戦を見る少年竹千代（家康）。小林清親作

その芦ノ湖による箱根用水の科学的調査は、志賀重昂の子で工学者の志賀富士男氏によってになわれた。同氏から直接聞いた話によると、湖水を下方に導く隧道は、内村が「後世への最大遺物」のなかで語っているように、上から下への水の流れが、実に見事な計算により設けられていたという。

内村は、一九一三（大正二）年一一月三〇日、徳川家最後の将軍であった徳川慶喜の葬儀に際し、聖書講義のあった日曜日にもかかわらず、終わると早速会場の上野寛永寺の近くまで出掛け葬列を見送っている。門下の浅野猶三郎は、その日の光景を次のように書きとどめている。

直情径行、策略なき内村先生は最後まで誤解人物たるを免れなかつたのである。それだけに誤解人物に対しては、心から同情された。徳川慶喜公の永眠された時の如き、先生は直接何の関係なきにもか丶はらず、多忙なる校正の暇を偸《ぬす》んで、一教友を従へて態々《わざわざ》葬列を見送られた。冬の最中に寒さを厭はず、群衆の間に立ちつゝ、色鉛筆もて、独り校正に余念なかりし先生の姿を思ひ見よ。やがて葬列の来るを見るや、先生は校正刷をポケツトに入れ、脱帽して襟巻をとり、柩に向つて丁寧に敬礼されたのである。誤解の人のみが能く誤解人物の心中を察することが出来る。内村先生が慶喜公に向つて特に敬意を表されたのは偶然ではないと思ふ。（浅野猶三郎『信仰と恩寵』日英堂、一九四一）

3　東北か西南か

内村は、次の「東北対西南」の文章が語るように、人間でも東北人に比して西南人を嫌った。それも特に長州嫌いである。明治維新により伊藤博文、山県有朋、桂太郎など日本の首相は長州人により占められてきた（これは最近でも岸信介、安倍晋太郎と受け継がれた）。

このことは、内村の一生における行動範囲からもうかがわれる。幼児期を過ごした気仙沼をはじめ、その学んだ札幌農学校など、その足跡は日本の北方面に多い。これに反して西南方面というと、山口以南では、長崎を一度訪れたのみである。

その好悪感を代表する文章が次の「東北対西南」である。

西南の士は怜智に長《た》けて不実なり、東北の士は愚鈍なれども実直なり、日本国の政権西南人士の掌中に落ちて国に「愛国論」あり「尊王主義」あり、彼等は能く事物を利用するの術を知る、然れども彼等の支配の下（に）ありて民権の挙がりし実例なし、日本国の民権主張者は東北に多くして西南に尠《すくな》し、僧日蓮、佐倉宗五郎等屈指の民権家は多くは是れ函嶺以東の人なり、愚直或は暴とし終る事あらん、然れども正義と忠勤との仮面を被《かぶ》りて投機商の親玉となるが如きは東北人士の迚《とて》も学ぶこと能はざる所なるべし、民権の振興、実直の恢復は東北人士の手を借らざるべからず。（全四「肝汁数滴」、原文総ルビ）

政治家のみでなく軍人の世界でも乃木希典は長州人であった。内村は、晩年ラジオが入ると時々ラジオ放送を楽しんだ。そのなかでも琵琶歌の放送を楽しんだ。ところが、一九二七（昭和二）年三月七日の日記には次のような記述がある。

夜、主婦と共に「乃木将軍」の薩摩琵琶の放送を聞き、是れ亦甚だ気持が悪かつた。

おそらく、その放送は、乃木大将が明治天皇の葬儀の日に、夫妻そろって剣で自害する光景をうたった薩摩琵琶歌の「乃木将軍」ではなかろうか。その一節には次のような言葉がみられる。

　生きては道義の表となり
　死しては至誠の範となる
六千万の同胞が
　明治偉器と讃へたる
乃木将軍が
　君に殉ぜし最後こそ
世に壮烈の極みなれ

（『薩摩琵琶歌乃木将軍』久保田書店、一九一二）

このあと、乃木大将とその妻が順次、剣でもって自害するありさまがリアルに歌われている。内村夫妻ならずとも気持ちが悪い。

乃木大将に関しては、夫妻の自殺を「キリストの十字架上の死」にも比す見方があるのに対して次のようにも述べている。

　余輩と雖も勿論大将夫妻に対して深き同情を表する、武士道の立場より見て彼等は確に偉大なる人物である、然しながら問題は乃木大将夫妻が永く日本人の宗教的敬崇を繫ぎ得るや否やである、過去の実例に照らして見て彼等も亦三年を出ずして彼等の同胞に忘れらる、のではあるまい乎、乃木大将夫妻も亦昨日あり、今日あり、又永遠ある者であるとは思はれない、所謂乃木崇拝なる者の冷却《さめ》る時は遠からずして来る、変り易き大和民族は其崇拝物を換ふるに速かである、彼等は三年を出ずして乃木大将を忘れて他に彼等の崇拝物を探るであらふ、余輩は今日此事を予言するに躊躇しない。(全一九「変らざるキリスト」)

これは、乃木大将夫妻のいわゆる殉死の時から数えれば、ほとんど直後とみてよい時期の見方である。

日本では、東北地方は凶作におそわれることの多い地であった。台風による自然災害もあって、一九〇二(明治三五)年の米の収穫量は例年に比し半減した(『福島民友新聞』一九〇三年三月一三日)。内村は、これに対して「飢饉の福音」を説き、次のように述べている。

我々は飢饉の災害に遭遇して単に之を天然自然の現象としてのみ解することなく、其中に含まるゝ深き道徳上の意味を解釈し、神の声に聴き其正当の懲罰を受け、以て我々の愆《とが》の赦されんことを祈るべきであります。(全一一)

今日の人々には理解されがたい論理であるが、ここでは、「西南」の人間に対して、特に「東北」の人間に与えられた特別の恩寵を見出そうとした発言とみておきたい。

確かに内村の「西南」嫌いは驚くほど烈しい。しかし、「西南」人すべてが対象かというと決してそうではない。その攻撃の矛先は、特に朝報社時代の政治家たちが対象だった。なぜなら、札幌農学校同期の薩摩人岩崎行親とは、岩崎がキリスト教に入信しなかったにも拘わらず、友情を一生保ったからである。

内村は、晩年、「岩崎行親君と私」と題して次のように記している。


明治十七年に私費で米国に渡り、苦学四年にして帰朝しました。そして、基督信者に成りし私が基督教国の米国に留学して、一人の友人を作らず、一仙《セント》の寄附金を持たずして帰朝したのであります。私は大なる淋しみを感ぜざるを得ませんでした。其時私を見舞ひ呉れし者は同窓同級の友岩崎行親君でありました。（全三〇）

内村は、このような細やかな岩崎の見舞いを一生忘れていない。岩崎は札幌農学校卒業後、郷里の鹿児島の第七高等学校校長に就き、内村が右の文章を記した翌年、世を去った。

二　クラークに会ったか

札幌農学校の実質的な校長として来日したクラーク（Clark, William S.）は、その在日期間は一年にも充たなかったが、一期生の間に残した影響は甚大だった。その去った後、二期生として入学し、結局は、その影響によりキリスト信徒になった内村にとっては、まさに精神的な父であった。アメリカに渡った内村は、そのクラークと対面したか。

1　札幌農学校時代のクラーク

北海道の開拓使長官黒田清隆の時代に、北海道開拓の基礎を築く人材養成のために札幌農学校が設けられた。そのために、アメリカで農学校校長を勤めていたクラークが、特別に招かれて一八七六（明治九）年、教員二人を伴い来日した。

クラークが黒田と議論の末、モラル教育のためにキリスト教を用いる方針につき了解をえると、自身の作成した「イエスを信ずる者の契約」への署名を生徒たちに求めた。その結果、札幌農学校は官立でありながら日曜日には学内でキリスト教の礼拝が行なわれた。第一期生として、直接教えを受けた大島正健は、学則というような特別な規則はなく、ただ"Be Gentleman"だけだったという。ただ、日曜日には礼拝が行なわれ、「主の祈り」が唱えられ聖書の朗読があった。八カ月後、別れにのぞんで"Boys, be ambitious, like this old man!"との言葉を残し馬で駆け去った話は余りにも名高い（Masatake Oshima, Reminiscences of Dr. W. S. Clark, *The Japan Christian Intelligencer,* Vol.1. No.2)。

2　クラークの遺した教え

その札幌農学校に第二期生として内村たちが入学した一八七七（明治一〇）年には、まだクラーク色が濃厚に漂っていた。内村たちが小樽から騎乗して農学校に到着したとき、聞こえたのは一期生の歌う賛美歌だったという。

第二期生たちは、まず、クラークの残した禁酒禁煙の誓約に署名した。それ以外は特別に厳しい学則はなく、ただクラークの言葉"Be Gentleman!"だけだった。つづいて年末には、右の「イエスを信ずる者の契約」に、なかば強制的に署名させられた。それには日曜日を聖日として、普段の仕事を休み、集まって聖書の研究をするように定められていた。

これに対し、入学当初の内村は抵抗したが、その後、署名、心身ともに一転して活気ある信仰生活が実現、その様子は『余はいかにしてキリスト信徒となりしか』（*How I Became a Christian*）にくわしい。クラーク本人が去ったあとにもかかわらず、クラーク色が濃厚に漂った学校生活だった。

3　クラークを訪問

一八八一（明治一四）年、札幌農学校を卒業した内村は、上京して農商務省に勤務後、アメリカに渡った。一八八五年九月、内村は、働いていたエルウィンの施設を去り、アマスト大学に入学。アマストに到着すると、早速、大学のシーリー学長、つづいて近くに住むクラークを同日に訪ねている。クラークは翌年三月には世を去るから、内村としては貴重な訪問だった。札幌から帰国後のクラークの生活は不本意なものであったようだから、それだけに日本での働きに強い印象を心に残していたとみられる。その後、まもなくして訃報に接した内村は、さっそく「ウイリアム・S・クラーク博士の伝道事業（"The Missionary Work of William S. Clark, Ph. D. LLD."）」を著し『クリスチャン・ユニオン』（*The Christian Union*）誌に投稿

札幌農学校時計台（札幌市）

した。そのなかで内村は、クラーク自身が、この世に残した最大の事業として、その札幌農学校における伝道事業を紹介している。

4 偶像化に反対

一九二六（大正一五）年、北海道大学は「創基五十年」を迎えた。一八七六年にクラークを迎えて札幌農学校が発足してから五〇年になる。内村のもとへも記念式典への案内が来たようだが、内村は出席を拒み、次のように述べている。

私はクラークの精神は札幌に残つてゐると思ひません。残つてゐるのは先生の名であります。そして今度先生の銅像が出きたとのことであります。併しそれだけであります。先生の自由の精神、キリストの信仰、それは今は札幌にありません。札幌は先生の BOYS BE AMBITIOUS 深い広い意味に於て之を知りません。クラーク先生の精神が解《わ》かる時は札幌の精神的革命の始まる時であります。札幌の今日の精神的情態を見て先生は、天に在りて泣いて居られること、信じます。（『小樽新聞』一九二六年五月一四日、鈴木編『内村鑑三談話』に収録）

なお、現在の北海道大学にあるクラークの胸像は、その後、あらたに設けられたものである。ほかにも帰任時の別離の地島松や手稲山にも、今はクラークの立像を見ることができる。

また、このようにクラークの偶像化を嫌った内村であったが、内村自身は、没後にデスマスクが作られ、高田博厚作の胸像（一九七七）もある。その肖像画の一枚はアマスト大学にも掲げられている。本人はどのように思っているであろうか。

三　進化論をどう理解したか

ダーウィン（Darwin, Charles R.）による『種の起源』（*On the Origin of Species*）が発表されたのは一八五九年。これは科学者としてキリスト教に入信したばかりの青年内村にとり、実に大きな課題となった。

1　進化論との葛藤

一九八四（昭和五九）年に刊行の終わった『内村鑑三全集』全四〇巻（岩波書店）の再刊を、二〇〇一（平成一三）年に刊行するにあたり、あらたに「再刊補遺」を設け、四点の作品および書翰若干を追加した。四点の作品のうち二点は「ダーウヰン氏の伝」および「ダーヴィン氏小伝ニ対スル疑問ニ答へ幷セテ進化論ヲ論ス」と題され、いずれも進化論に関係した文章である。ただし前者は「北洋学人」、後者は「北海猿人」の名で掲載された。

ただし、この「補遺」の部分は、別冊で小冊子のため、ほとんど知られていない。そのため、ここでは、筆者が付した「再刊補遺」の「解題」のうち、右の二篇に関する部分のみを、一部改めつつ、ほぼ転載のかたちで紹介したい。

両者の掲載されている『六合雑誌』は、東京青年会（東京キリスト教青年会の前身）により一八八〇（明治一三）年一〇月一一日に創刊された月刊雑誌である。札幌農学校に在学中の内村は、上京の折、小崎弘道や植村正久たちが、新しい雑誌の創刊を相談する席に居合わせたという（『六合雑誌』回顧三十年）。編集者小崎の依頼もあって、札幌にキリスト教青年会を結成した内村鑑三、宮部金吾らは、同誌に寄稿した。内村の同誌にみられる最初の文章（演説筆記）は、一八八三（明治一六）年五月、東京で開催された全国基督信徒大親睦会で行なった演説「空ノ鳥ト野ノ百合花」であった（『六合雑誌』三五、三七号、同年六月、九月、全二「別篇」）。

それには、ダーウィンが世界旅行中、ブラジルの風景に接して、「此拡大ナル景色ノ前ニ立チテ一々造化ノ美巧ヲ書尽スコトハ得ル雖ドモ其心中ニ起ス所ノ奇異、震駭、敬神、ノ感情ハ迚モ之ヲ尽ス能ハズ」と感嘆した記述につづき、次の文章が字下げで記されている。

> 因ニ云フ　若シ「ダーウヰン」氏ノ進化論ヲシテ真ナラシメバ前述ノ例ノ如キモ決シテ驚クベキモノニアラズシテ皆自然ノ理ニテ解シ得ベキモノナレバ造物主ノ功徳ヲ現ハスニ足ラズト云フモノアレドモ予ノ信ズル所ハ決シテ然ラズ　進化論ヲシテ実ナラシムルモ決シテ造物主ノ美徳ヲ減少スル者ニアラズ　然レドモ事枝論ニ渡レバ再ビ本紙上ニ論ズル事アルベシ

晩年のことになるが、小崎弘道の牧師就任五十周年記念会（霊南坂教会）に出席した内村は、小崎が『六合雑誌』の編集に従っていた時代を回顧し、反キリスト教思想の高まるなかで「私共所謂札幌連をも徴発せられ、君の防衛軍に加はらしめ給ひました」、あるいは「小崎君は神学哲学の立場に在りて合理的信仰を維持しなければならないのに対して、私は天然科学に拠つて私の基督教的信仰を守らなければならなかつたのであります」（全三三）と述べている。

札幌時代の親友大島正健によると「君は生物学に造詣深く、夙くより当時の基督教界にては、異端視しせられたる進化説を奉じ、演説に論文に、屢々之に関する意見を発表して、この方面に智識の欠乏せる信徒を驚倒せしたることありたり」と言う（旧版『内村鑑三全集』「月報1」、一九三二年四月）。

当時の内村と進化論との関係は次のとおり。

一八八二年一月八日

札幌教会献堂式で「帆立貝とキリスト教との関係」として演説、創世記と地質学との調和を語り「無神論的進化論者に一撃」を与えようとした。

一八八二年七月八日

札幌基督教青年会で「道徳の起源」と題し演説、そのメモにはダーウィンの『ビーグル号航海記』の文章が記載されている。(一八八三年六月八日「ダーウィンとウィンチェルだけが友である」(全三六、宮部金吾あて書翰、原英文))。

一八八三年九月八日

東京基督教徒学生会で「ダーウインの言行録」と題し演説。

一八八三年一〇月三一日

「いつものように水産とダーウィンを勉強している」(宮部金吾あて書翰)

一八八四年二月一八日

「家ではダーウィンを読んでいる」(右に同じ)

一八八四年四月一九日

東京生物学会で「ダルウイン氏ノ行状」と題して演説。

内村が論文で引用しているダーウィンの著書は、そこに引用されたままの書名でいうと『博物学者世界一週記』(*A Naturalist's Voyage round the World*)、『生物学原始論』(*The Origin of Species*)、『人類成来論』(*The descent of Man*)の三冊である。

このうち『博物学者世界一週記』(一般に『ビーグル号航海記』)と称される書物のなかの次の言葉は「ダーウヰン氏の伝」にも引用されていて、内村のダーウィンの進化論と信仰理解との関係をよく語っている。

我心ニ深キ感動ヲ起セシ景色ノ内人手ノ未タ触レザル森林ニ勝レタル者ナシ是皆造化ノ神ノ聖殿ニシテ人其前ニ立バ人類ハ僅カニ生ヲ有スルノミノ者ニアラザルヲ知ルヲ得ベシ

要するに内村のダーウィン理解は、それなりに苦闘の歩みを経つつ一九二三（大正一二）年六月二一日の日記に「信仰の礙《つまづ》きには少しもならない」（全三四）とある言葉によく語られていると言えよう。

内村と進化論に関しては、『内村鑑三全集』の再刊に付した、筆者の「再刊補遺」のなかでも述べたが、武富保著『内村鑑三と進化論』（キリスト教図書出版、二〇〇四）もある。

2　ストープスの *Botany* を読む

一九二二（大正一一）年二月一八日の内村の日記に興味深い記述がある。

或る近代植物学書に Ecology《エコロギー》 の一章を読みて多大の興味を感じた、是は今日まで余の知らざりし学科であつた、而かも多くの暗示に富める学科である、植物を外界との関係に於て研究する学科である、植物でさへ自己中心でない、況して動物に於てをや、況して人間に於てをや、万物は相関連して或る一つの目的を果たさんとしつゝあるのである、万物は之をTeleological（究極学的）に見てのみ其意味が出て来るのである。

ここに記されている「近代植物学書」は、おそらくストープス（Stopes, Marie）の *Botany or the modern study of plants* とみてよいだろう。

ストープス（一八八〇―一九五八）は、スコットランド生まれの古生物学者。ロンドン大学およびミュンヘン大学に学ぶ。ミュンヘン大学の研究所時代の同僚藤井健次郎から送られてきた植物の化石を探すため一九〇七年に来日。ほどなく、その目的のために札幌に行き、内村の親友の宮部金吾に会っている。日本には約一年半ほど滞在し、帰国後は、植物学者としてよりは女性運動家、産児制限論者として活躍、日本でもその関係の訳書で知られる。

したがって右の書物は、日本から帰国後まもない一九一二年に刊行され、恐らく内村の手許には宮部金吾より送られたものと思われる。宮部には、若きころ、内村がアメリカに渡るにあたり、旅費捻出のため前述のダーウィン関係の書物を購入してもらっていた。

現在も北海道大学図書館に収められている「内村文庫」には、このストープスの本も収められている。それを見ると、第六章の〝Ecology〟のなかに「エコロジーはきわめて新しい植物学の分野である」という部分などに朱線が施されている。また、同じ章のなかで、植物が環境への適応だけにとどまらず、両者の間に相互作用をみる文章にも、その欄外に朱線がみられる。ここには右の日記に記したように、進化論と人間との関係を受け身にのみ見出そうする見方に対し、植物でさえも相互的であるから、まして人間をや、との内村の考えが読み取れる。このように植物が、他の植物はもちろん他の生物とも深い交渉をもっている世界については、最近になって「植物の超進化論」と称され、ＮＨＫテレビなどでも報道されるようになったが、ストープスの植物研究にはその萌芽がみられ、早くも内村はそれに気づいたと言えよう。

四　最初の結婚はなぜ破綻したのか

結論を先に述べることになるが、このような男女間の問題には正解はないとしか言えない。ここでも、ただ事実関係を述べるだけにとどめるが、新しい資料として内村鑑三とたけとの娘ノブの見方を加えた。

1　浅田たけとの結婚生活

一八八三（明治一六）年、札幌県の勧業課を辞職して帰京した内村であったが、五月に開催された全国基督信徒大親睦会には札幌教会代表として参加している。内村がその会合で行なった「空ノ鳥ト野ノ百合花」の演説は、その名を参加者に強く印象づけた。内村は同会合で知り合った海老名弾正が牧師を務める安中教会に招かれて、八月に二度講演をしている。

内村はこのとき、同教会の会員浅田たけを知った。たけは同教会で新島襄から受洗、同志社女学校に学んだ女性である。内村と同年生まれであるから、このとき共に二二歳。二人の間には結婚話が進んだが、内村の母親が難色を示した。

やがて内村は農商務省農務局水産課に勤務が決まる。翌一八八四年二月にはようやくたけとの結婚も認められた。

挙式は三月二八日に上野の長酡亭で行なわれた。挙式の様子は、式に招かれたクララ（Clara A. N. Whitney）の『クララの明治日記　下』（一又民子訳、講談社、一九七六）にくわしい。司式は内村に授洗したハリス（Harris, Merriman C.）によって執行されたが、その終わりにハリスが「内村夫妻」と言ったところ、たけが「くすくす笑い」をしたと記している。今日でこそ挙式のなかで花嫁が笑っても不思議ではないが、当時はこれが不自然に映じたから、クララは日記に記したのだろう。ここにもたけの性格の一端が顔を覗かせているのではなかろうか。

2　出張に同伴

一八八四年六月、内村は、単身で佐渡に水産調査のために出張している。同月上旬から中旬にかけて、かなり長期にわたる調査である。この間、妻たけは婚家で内村の両親と共に過ごしていたことになる。おそらく、彼女と両親との間には極度に緊張関係が高まったことが想像される。

一八八四年七月末、内村は役所から榛名湖への水産調査にたけをともない出張している。七月三〇日、内村を榛名湖の現地に案内した担当者の記録には、「同人妻」の文字が記されている。

当時の記録の慣例はわからないが、わざわざ「同人妻」と記すところは、なにか通常の出張との違和感を受け入れ側は感じたのではなかろうか。思うに、榛名湖調査への同伴は、佐渡出張中に内村家にひとり残った妻と内村の母との間に起こったであろう緊張関係の埋め合わせかもしれない。

3　破綻

しかし、内村鑑三とたけ、および内村の親との間の緊張関係は、その秋には限界状況に達してしまった。

これについては、まず内村自身が親友宮部にあてた手紙の次の一文によるしかない。

友よ、僕に関する驚くことを、君に打ち明けなければならない。僕は、人間性について多くのことを学んだと書いた。過去八カ月の間、僕はわが神以外だれもわからぬ、つらい苦しみを味わされた。長期にわたり、その苦しみのもとを探したが、なにも見つからず、責めは僕自身にあると思っていた。ところが最近になり、我が家を長い間わずらわせていた秘密が明らかになったのだ。ああ！　それは、なんと僕を助け、慰め、力を貸してくれる人であると思い込んでいた女性、彼女が悪の張本人であり、羊の皮をかぶった狼であるとわかった。

兄弟よ、どうか、この知らせを聞いて驚かないでくれ。その事実を調べるために僕は全精力を注ぎこんだ。そして四、五の証拠により、そのとおりの事情であることが判然とした。実にきつい一撃を浴びた僕の状態を、君は容易に想像できると思う。よき妻を望んだ僕の祈りは、その正反対のかたちで報いられたのだ。父なる神よ、僕は何をしたため、これほどの厳罰を受けるのでしょうか。（全三六、宮部金吾宛て一八八四年一〇月二七日付書簡。原英文）

この手紙が何を語るのか。第三者は「羊の皮をかぶった狼」の言葉により想像するしかない。しかし、これが主要な原因となり、内村は役所を辞し、渡米する。アメリカ滞在中にたけが女子を産んだとの報告も入ったが、内村の心は動かされなかった。

たけの産んだ女子はノブと命名されて、実家の兄の家で養女として育てられた。たけ自身はやがて再婚したことだけがわかっている。

右のように、離婚の真相については内村側からしか知られていない。しかし、そのとき生まれたノブが長じて、鑑三の長男内村祐之の妻である美代子氏に語った話がある。これにつき、筆者は生前の美代子氏から次のような内容の手紙を送られていた。その手紙を受け取った時（一九八五年）からすでに約四〇年も経っているし、この書簡もいつ喪失するやもわからない。そう思って、ここにあえて紹介しておきたい。ただし、あくまでノブの見方であるとともに美代子氏の解釈があることは言うまでもない。

4　娘ノブからの聞き書（内村美代子氏の筆者あて書簡より）

日永のおノブさんから私が聞いたところでは、浅田家はそれほどゆたかな家ではなかったためか、婚礼衣裳を、同じ安中の豪家、湯浅家（同志社総長を出した）から借りたところからイザコザが起きたということです。湯浅家のお嬢さんのものか、お嫁さんのものか、その辺は、筆記したものを日永の康さんにあげてしまったので、はっきりしませんが、とにかく、その後、何かの必要があって、湯浅家では、その返却を迫った由、しかし一方のおタケさんは、それを自分のもののように内村の方に言ったので、引っ込みがつかず、その辺から破綻が生じたということです。父がおノブさんに与えた「父訓」の中に、「虚言」を何よりも戒めているところも、これに由来すると思われます。

その上、同じころ、当時の月給金三十円が紛失するという事件があり、そのゆくえについて詮議されたため、「こんな家にはいたくない、○○さんのほうにゆけばよかった」と言って、おタケさんの方から出て行こうとする、父は「出て行ったら、もう後は追わないよ」と強く言ったらしいのですが、それを振り切って、出て行ってしまわれたというのが真相のようです。あまり見っともいいことではないので、父は、どんなに教会から責められても、生涯一言もいいわけをしなかった。一方、おタケさんの方は、生家でおノブさんを生み、その後、復縁を迫って、アメリカにいる父のもとに、こどもの写真と手編みの手袋か靴下を送ってきたということですが、父は写真だけを受けとって、あとのものを送り返したということです。この復縁の強制は、その後何度もくり返されたらしく、新島さんの「この上はもうあきらめなさい」という意味の最終通告を、私は桐生の日永家で見せてもらったことがあります。

おタケさんの性格の中に、虚栄心というようなものがあったことは、確かなようで、再嫁したのち、浅田の実家へ遊びに来るのにも、三枚がさねのきものを着、人力車に乗って来られたということですが、私のように相当ゆたかな家に育ったものでも三枚がさねなどは着たことがありません。

内村の母が、息子の結婚にひどく反対だったというのも、母は、その性格を見抜いていたからだと思います。年配の女には、若い女の心理が手にとるようにわかるものなのです。

おノブさんによると、父がアメリカに行ったのち（?）内村家からは何度もこどもを受けとりに来たが、その都度、浅田家の人に負われて裏山に逃げたということです。

ずっとあとのことですが、正子が重症の胃腸病に罹ったとき、父は、貧児に施しをして、神に全快を祈った由で、「日永にも送ったよ、あれは貧児だからね」と私に言いました。これに限らず、父はおノブさんをふびんに思って、事あるごとに、かわせを送っていたようです。桐生の家も一部（?）建ててやったようです。祐之の姉のルツ子も、おノブさんを、本当にお気の毒だと同情もし、慕ってもいたようです。
　おタケさんが自分から出て行ったのは確かなことです。また「〇〇さんの方に行けばよかった」という言葉を、父が精神的な不貞のように解釈したのも事実です。その辺はよしなに御解釈なさってください。実際上の不貞などは絶対になかったと、私は信じています。

　ノブが言うように、たけには内村が嘆くような「不貞」はなかったにせよ、たけが内村の両親のもとで「貞淑」につかえる女性でなかったことは確かである。それにもかかわらず、内村の帰国後、復縁の交渉を新島襄に依頼している。しかし、実は、その依頼をしているたけが、そのとき既に、のちに再婚する男性との間の子を妊娠もしていたのである。このことを、内村とたけには孫にあたる日永康はのちに知って愕然としている（日永康「内村鑑三の回心」、高橋三郎・日永康『ルターと内村鑑三』教文館、一九八七）。

五　新渡戸稲造は親友だったか

内村鑑三と新渡戸稲造はともに札幌農学校に学び、ともにキリスト信徒になり、内村は『代表的日本人』、新渡戸は『武士道』という今では古典と称してよいほどの名著を著した。二人は親友とみられているが、はたして二人の間に隙間風の吹くことはなかったのであろうか。

1　札幌農学校時代

内村鑑三は、一八六一（万延二）年、みずから記しているように江戸にあった高崎藩の「松平右京亮邸内の武士長屋」に生まれた。この藩主の名からもわかるように、内村の父宜之は佐幕派の高崎藩士であった。それに反して、維新においては、前述したように官軍側に加担した。

新渡戸稲造も翌一八六二年、南部藩士新渡戸十次郎の子として盛岡に生まれた。南部藩は、維新に際しては奥羽列藩同盟を結成して幕府に対して抗戦した。この意味では、いずれも新政府のもとで官の道に進んだところで前途に展望があるとは言えなかった。

札幌農学校時代の内村鑑三、宮部金吾、太田（新渡戸）稲造（右より）

それでも新政府の設けた東京外国語学校の英語科に、内村は一八七四（明治七）年、新渡戸（当時は太田姓）は翌年入学した。東京外国語学校の英語科は、同年には独立して東京英語学校になり、さらに一八七七年には東京大学予備門と改称された。このことは、内村も新渡戸もそのまま在学すれば、おのずと東京大学へと通じるコースにあったのである。

それが、一八七七（明治一〇）年、同校に開拓使の役人堀誠太郎が訪れ、札幌農学校官費生募集の演説をしたことから運命は一転した。堀は札幌農学校の教頭であったクラークの帰任にしたがって上京、ついでに東京大学予備門に出向き、札幌農学校の生徒募集の演説をしたのであった。その演説は北海道の風物の魅力を巧みに説くとともに官費を強調、同校から内村、新渡戸をはじめ多くの志願者が出て校長を慌てさせるほどだったという。

官費による札幌農学校入学合格者一八名のうち、東京大学予備門からは内村、新渡戸ら他一一名が占めた。合格発表後、内村、新渡戸、宮部金吾の三人は特に親交を結び、交際を深めた。間もなく三人に加えて同じく予備門出身の岩崎行親の四人は、札幌への出発を前に立行社を結成した。目的は「身を立て道を行ふ」との倫理的結社であった。

2　二つのＪ

その札幌農学校在学中の生活と信仰は、内村の『余はいかにしてキリスト信徒となりしか』（*How I Became a Christian*）にくわしい。特にキリスト信徒となった内村、新渡戸、宮部の三人は親交を深め、卒業に際し、札幌の公園偕楽園に会し「二つのＪ（Jesus と Japan）」に一生を捧げることを誓い合った。

しかしながら、内村と新渡戸との最初の小さな亀裂は、この後生じたとみられる。というのは、同校を首席で卒業し、卒業生を代表して挨拶もした内村が、札幌にあった開拓使の御用掛として勤務することになったのと異なり、宮部は同校の教員として残り、新渡戸は東京大学への進学となったのである。のちに新渡戸、宮部の二人とはアメリカで一緒になるが、内村が施設で働き、ようやくアマスト大学で苦学の生活を送っているのに反し、両人は札幌農学校教員として官費で留学中だった。

3　柏　会

一八九一（明治二四）年、内村鑑三は第一高等中学校の教員としていわゆる「不敬事件」をひき起こし、辞職に追い込まれた。同年五月、札幌の友人たちは、アメリカから帰国したばかりの新渡戸稲造も加わって傷心の内村を札幌に招いた。

その後、新渡戸は、一九〇六（明治三九）年にその第一高等学校校長兼東京帝国大学農科大学教授として赴任する。

第一高等学校校長となった新渡戸は、やがて学校近くに一軒家を借りて週一回の面接日を設けて学生たちに接した。こうして新渡戸のもとに読書会が生まれた。読書会の参加者のなかには、すでに内村鑑三の聖書研究会に通っている者もいた。高木八尺および黒木三次たちである。その二人を中心として新渡戸に対して内村のもとに通う願いが出され、認められるとともに内村からも読書会員の内村聖書研究会への入会が許された。こうして、卒業生の前田多門、岩永裕吉、在学生の川西実三、森戸辰男、三谷隆正、鶴見祐輔、塚本虎二らの研究会への参加が実現、内村により柏会と命名された。第一高等学校の校章柏葉と内村の聖書研究会場の地名柏木とを兼ねた命名であろう。やがて同会には矢内原忠雄らも参加する。

内村鑑三と新渡戸稲造の両者が青年たちに与えた影響については、矢内原忠雄が新渡戸から聞いた次の話が伝えられている。

矢内原「新渡戸先生の宗教と内村先生の宗教とは何か違ひがありますか」

新渡戸「僕のは正門でない、横の門から入ったんだ。して横の門といふのは悲しみの門だ」

これを聞いた矢内原は、内村の「正門」は「贖罪の信仰」であり、これに対し新渡戸の「横門」は「贖罪といふよりは悲しみといふ事」であると理解した（『矢内原忠雄全集』二四、岩波書店、一九六五）。

4　新渡戸批判

ただし、この後、内村は新渡戸の神観や生活に関して疑問を抱くようになる。神観に関して、一九〇三（明治三六）年九月、新渡戸は『英文新誌』（*The Student*）創刊号に「霊魂、神を求む（"The Souls Quest of my God"）」の記事を寄せた。それには次の文章が記されている。

予屢問ふ、ア、神、汝は誰なりや、汝は何処に在ますと。而して其時常に、これが答はいとも静かなる声して来る――予を誰なりやと問ふ汝は誰ぞや。汝たるものは即ち我なり、而して我たるものは即ち汝なり。予を何処に在りやと問ふ汝は何処にか在る。汝の在る処、我の在る処即ち汝の在る処なりと。

ここには、新渡戸の属するクエーカー派の「内なる光」の思想がみられるが、それは受け取り方によっては汎神論となる。これに対して、内村は同誌に"Where is my God?"と題する記事を寄せ、新渡戸の神観念が内在的であると批判した。

のちに新渡戸は、次の古歌を掲げて内村に応じている。

みな人のまゐる社《やしろ》に神はなし
　人のこゝろに神ぞましします

この歌に加えて「内村鑑三氏は之れに反対の議論を云はれた事があるが、私は何処にしろ人の心の中には神はましますと信じて居る。目を開けば宇宙にも神あり、目を閉づれば心の中にも神ある」と述べている（新渡戸稲造「現代生活と婦人」、『新世界』九巻一二号、一九一七年一二月一日）。

さらに一九一二（大正元）年一一月、札幌におけるクラーク記念会堂の建設のための相談会が広井勇を加えて新渡戸の邸で開催されたことがある。その会合の結果を札幌の宮部金吾に報告する内村の手紙のなかには、新渡戸邸の「御殿」に驚き、「身分不相応」との非難めいた言葉が記されている。筆者は、かなり前のことになるが、すでに建物の撤去された新渡戸の邸宅跡を訪れたことがある。ちょうど鳩山家の音羽御殿とされる邸宅の裏手の方角にあり、音羽御殿には及ばないが、相当の広さの敷地であった。いずれにせよ、当時の内村は、神観念、生活ぶりの双方において旧友新渡戸との間に距離感をもったとみたい。

この後、一九一九（大正八）年、新渡戸は国際連盟事務局次長に就き、ロンドン、ジュネーブに赴任する。

そして一九二六（大正一五）年に帰国。一九二八（昭和三）年六月、宣教師ハリスによる受洗五〇年を記念して、内村鑑三、新渡戸稲造、広井勇らは、札幌農学校で一期先輩の伊藤一隆、大島正健の両人を加え、五人で連れ立ち青山墓地のハリスの墓に花輪を献げた。そのときの写真を見る限り、内村も新渡戸も穏やかな顔をしている。

一九三〇（昭和五）年、内村は新渡戸に先んじて死去。その二年後の一九三二年になり、今度は新渡戸が松山において演説前夜に新聞記者に対して行なった発言がもとで、在郷軍人会および軍部から激しい非難を浴びる事件が起こった。当時の新聞報道が満州事変の華々しい戦果報道に埋め尽くされている中にあって、新渡戸の発言は逆に目立った（詳細は、拙著『信教自由の事件史』オリエンス宗教研究所、二〇一〇）。

これより前、内村は、その晩年の一九二六（大正一五）年、かつて「不敬事件」において内村を非難し手痛い打撃を与えた井上哲次郎が、今度は「不敬事件」として世から非難を浴びる出来事が起こった。これを知った内村は、みずからの「不敬事件」当時を顧みて、そのころ自分はまだ若かったから傷を癒す時間があった。しかし、すでに晩年を迎えた井上には、もうその時が無い、と深く同情を表している。同じように内村がもう二年長く生存していて新渡戸の事件を知ったならば、どのような思いを抱いたであろうか、親友であっただけに内村の心痛は想像を絶する。

六　新島襄から離れたわけは

内村鑑三と新島襄とは、少なくともアメリカに滞在中までの関係は良好だったと言ってよい。それなら帰国後、内村は同志社に就職してよいはずである。それが不可能だったことのみならず、内村は新島に対し不信感さえも抱くようになる。

1　全国基督信徒大親睦会

一八八三（明治一六）年五月、東京で開催された第三回全国基督信徒大親睦会において、札幌教会を代表して参加した内村が、「空ノ鳥ト野ノ百合花」と題する演説を行ない、その名を全国の信徒に知らしめたことは前述した。内村と新島襄がたがいに知ったのもこの時である。新島は会合後、松村介石に対して「出会つた、二人の人物に出会つた、一人は内村鑑三、一人は押川方義である。内村は非常な学者で。押川は畏ろしい人物である」と語った（松村介石『信仰五十年』道会事務所、一九二六）。

それまで内村は、キリスト教界では無名の一青年に過ぎなかったが、新島はすでに同志社英学校を創立、日本の代表的にして名高い人物であった。この後も、浅田たけとの結婚を前にして東京に滞在中の新島を訪ねている。たけは同志社女学校にも学び、新島の出身地安中教会の会員でもあった。

2　アメリカにおける再会

翌一八八四年、たけと別れて心の「真空」を癒すためもあってアメリカに渡った内村は、まず、生活費を稼ぐためにエルウィンの児童施設で働く。もともと内村はペンシルヴァニア大学で医学を学ぶか、ハーヴァード大学に進むか、との希望をもっていたが、翌年、アメリカを訪れた新島に再会、結局、新島がその母校アマスト大学のカーリン学長に依頼したこともあって、同大学で学ぶことになる。内村はアマスト大学卒業後、ハートフォード神学校に入学。しかし、同校に入学後一年もたたずに、神学に対する疑問と体調もあって同校を退学、帰国の途についてしまった。こうして内村は、まず新島の期待を裏切ったのである。

3　北越学館問題

アメリカから帰国した一八八八（明治二一）年、内村は新潟の北越学館に教頭として赴任。当初は同校が土地のキリスト教信徒有志により設立された学校と思い勇んで乗り込んだ。ところが、実質的にはアメリカン・ボードの宣教師により支配されている学校であることが判明。そのうえ新潟の政争もからみ、内村は四カ月ももたずに辞職してしまった。このトラブルに関し、同じアメリカン・ボードに属する新島襄は、調査団まで派遣、新島はあくまで同校における宣教師の立ち場を支持したとみてよい。

新島とは、同志社女学校に学んだ浅田たけとの離婚問題により感情の齟齬もあったが、この北越学館問題により、両者の関係はハッキリ切れたのであった。新島は内村に対して、アマスト大学からハートフォード神学校に移って卒業した後、キリスト教の教師としての資格を取得、将来は同志社で教鞭をとり、自分の後継をも期待していたかもしれない。しかし、離婚に加えて神学校の中退および北越学館における行動は、その期待に終止符を打つことになったと思われる。のちに内村は「故新島氏ノ如キモ氏ニアルマジキ書ヲ寄セラレテ余ヲ詰ラレタリ」（全一）と言っている。

4　新島批判

内村による新島評のまとめは、新島の没後二〇年、『中央公論』の企画した「明治故人評論」のなかで、内村が記した次の「新島先生の性格」により明らかである。

私の疑ふ点は、先生を宗教家と見る事が出来やう乎、其一点である、米国でも逢つたし、日本でも逢つた、先生と私とは相逢つたことは稀だとはせぬが、何時も心霊上の問題となると先生は沈黙を守られた、私の熱信を褒めては呉れられたけれど、自身で深く味はれた心霊上の自証の境界を話されたことはない、一度も無い、先生を尊崇《アドマイア》する人から先生に就いての談話は聞いても、此処ぞ先生が宗教家だといはるべき点が窺はれない。（全一五）

ついで「樹はその実によつて知らる」との聖書の言葉を引き、新島の創始した同志社にも言及、「同志社が出す人物には宗教家は少ない」とまで言っている。

さらに内村の新島評はつづく。

約言するならば、新島先生は誠実の士である、愛国者であつた、自己の為したる事業には熱心なる人であつたと言ひ得るが、宗教家には言ひ兼ぬるといふ事に帰着する、日蓮とか親鸞とか蓮如とかいふ性格ではなかつた、又ルーテルとかサボナローラとかフランシスとかいふ人物でもなかつた、丸でその質を異にして居られたやうに思はる、然し斯うは言ふものの、或は私が先生に対して接近の度が少くて、遂にその真相を窮めることの出来なかつたのかも知れぬ。西洋の諺にも、「故人に対しては善い事の他何も言ふな」とある、それ故これ以上の品隲《ひんしつ》は私の憚るところである。（同前）

「憚る」とは言いながら、いわば新島は宗教家ではないと断言するにひとしい発言であり酷評とみなしてよい。

七　宣教師は嫌いか

内村鑑三というと、いつの間にか宣教師嫌いの代表のような見方ができてしまったようである。前述したように、帰国後、最初に赴任した新潟の北越学館ではアメリカン・ボードの宣教師たちと対立、辞任した。しかし、その全生涯を通してみると、内村と相互に信頼しあった宣教師も少なくない。

そのなかの数人を紹介したい。

1　ハリス夫妻（Mr. and Mrs. Harris）

内村が、まず全幅の信頼を置いた宣教師としては、アメリカのメソヂスト監督教会のハリス夫妻（妻のフローラも宣教師）を挙げなくてはならない。ハリスは言うまでもなく、函館在任中の一八七八（明治一一）年に内村や新渡戸稲造、宮部金吾ら札幌農学校生たちに授洗した宣教師である。その後、ハリスが東京に転任したこともあって、一八八四年に行なわれた内村と浅田たけとの挙式はハリスが司式をつとめている。

そのためか、内村夫妻が破局を迎えた直後、内村は、青山学院内に居住していたハリスを訪ねている。後年になるが、内村の次の記述は、このときと推定される。内村の生涯にとっても最大の危機と転機の出来事を述べているため、やや長いがそのまま引用する。

顧みれば余の生涯にも亦重大なる危機があつた、其時何かの助けが来らざりしならば狂か自殺か余は到底起《た》つ事が出来なかつたのである、其一日或《あるい》は一時間は余の生涯中最も重大なる時であつた、余は恰《あたか》も懸崖の一端に立つたのである、自ら如何ともする能はず、又之を何人にも謀る能はず、余は宣教師ハリス氏（今の監督）を訪ねて、山に入らんと欲する旨を告げた、彼は之を賛し余に許すに其の蔵書中の二三を抜いて携ふる事を以てした、余は熊谷までの汽車に投じ北に向て進んだ、車中其の一冊を繙《ひもと》き読んだ、然るに見よ或る頁の一端に記されし聖書の一句を、

かるが故に我れ彼女を誘ひて荒野に導き至り其処《そこ》にて慰安の言を彼女の耳に囁《ささや》かんと（ホゼア書二章一四節）足れり！　此一言を解せんが為に、此恵みを受けんが為に、神は余を荒野に導き給うたのである、其処にて神は余の耳に慰安の言を囁き給ふのである、然り荒野は余が神より慰めらるべき場所であつたのである、神若し余を薔薇《ばら》の花匂ふ楽園に置き給ひしならば余は決して此恵みに与《あずか》るを得なかつたであらう、爾来《じらい》余の荒野の生涯は十年又

十五年間うち続いた、余は此事を深く神に感謝する（全二四「聖書全部神言論」）

そのとき借りた英文書が何であったかは明らかでないが、内村のこの経験は、妻たけとの決裂が決定的となった直後、すなわち一八八四（明治一七）年秋頃とみたい。この年、熊谷まで高崎線も開通している。ハリスは、おそらく内村の告白を聞き、預言者ホセアにおける妻の姦淫からの再起を記した本書を選んだものと思われる。

のちに内村は、一八八九（明治二二）年四月、アメリカからの帰途、サンフランシスコにおいて滞在中のハリス夫妻を訪ねている。また、帰国後一八九四年に著した *Japan and the Japanese* の改題 *Representative Men of Japanese* の刊行にあたり、冒頭に妻フローラに対する献辞を掲げている。その後、ハリスは朝鮮の監督も兼任していたために会う機会は少なかったが、内村はその生涯にわたり、札幌農学校時代に札幌の創成川のほとりにあった宣教師館においてハリスから受洗した日のことを何度も思い出している。新渡戸稲造をふくめ、その受洗仲間と連れだって、一九二六（大正一五）年、青山墓地にハリス夫妻の墓を訪ねたことは前述した。

2　リデル（Riddell, Hannah）

イギリス宣教会（ＣＭＳ）の宣教師として一八九一（明治二四）年に来日。熊本の第五高等学校の英語教師に就くとともに伝道に従事。桜の名所として知られる本妙寺を訪れ、物乞いするハンセン病患者たちに出会う。これを機縁に一八九五（明治二八）年、熊本回春病院を創設。

内村は一九二三（大正一二）年夏、軽井沢でリデルに会い、「斯かる外国婦人が其の一生を献げて我国の癩病患者の看護に従事して居ると思へば、嬉しくもあり悲しくもある」と記した（全三四）。

続いて二年後の一九二五（大正一四）年一〇月一〇日には「帝国ホテルに熊本のリデル嬢を訪問した。七十歳の英国老婦人である。其一生涯を日本癩病者の為に献げらる」、「英国には今や一人の癩患者なきに日本には二十万以上あると云ふ。実に国辱此上なしである」、「癩病の根絶に熱中せざる国は文明国の名を冠せらる々資格がない。願ふ我が同志の内より此の事業に一生を献ぐる者の起らんことを」と呼びかけている（全三四）。

さらに四年後の一九二九（昭和四）年八月、軽井沢ではリデルの方から訪ねてきた。次のように記している。

宣教師にして態々自分を訪れて呉れる者は彼女一人である。実に立派な英国貴婦人である。七十四歳の自分よりも、五年年長の老嬢《オールドミス》である。此英国貴婦人が其一生を我国の癩病患者の為に献げたのである。日本の感謝であると同時に英国の名誉である。山荘の書斎に英語を以つて種々《いろいろ》の事を談じた。「基督教は宗教に非ず、神よりの黙示なり」との意見に一致して嬉しかつた。再会を約し、相互の事業の成功を祈つて別れた。リデル嬢と相対する時に、自分の英国嫌ひなど何処《どこ》かへ消えて跡なしであつた。我等の間に唯キリストと世の可憐なる人のみ存《のこ》つた。（全三五）

内村自身は翌一九三〇（昭和五）年に、さらに二年後の一九三二年にはリデルも日本で世を去った。

3　ピアソン（Pierson, George Peck）

アメリカの長老教会の宣教師として一八八八（明治二一）年に来日。明治学院の教師をへて、千葉、盛岡などで伝道後、北海道に渡る。道内の各地をへて、一九一四（大正三）年以後、野付牛を拠点として伝道。この後、詳細な『略注旧新約全書』（一九一六）を完成している。内村は、一九一八（大正七）年の再臨運動時に北海道に渡り、七月一〇日には北見の野付牛に行きピアソン宅に滞在し、七月一五日まで同地方で講演をした。それが縁になったのか同年八月二五日、軽井沢で外国人宣教師に対して講演、この日はピアソンの別荘に宿をとっている。

4　フィンチ（Finch, I. Estela）

アメリカの超教派の宣教師として一八九三（明治二六）年に来日。姫路、東京などをへて高田で伝道中、横須賀教会牧師黒田惟信を知り、一八九八年から横須賀に住み伝道。同地の陸海軍人を対象に軍人伝道を行ない、一八九九（明治三二）年ころ、教会として日本陸海軍人伝道義会を設けた。囲碁も打つほど日本文化に親しんだが、対局の前には、きまって消毒のため碁石を洗ったといわれている。

一九〇三（明治三六）年ころ内村は太田十三男を介してフィンチを知り、みずからも横須賀に出向き、フィンチの伝道を支援した。フィンチは、一九一九（大正八）年には帰化して星田光代を名乗った。以後、内村の日記には「星田のオバサン」としてたびたび彼女との交流が記されている。一九一八年一二月一三日の日記には次のように記されている。

昨夜横須賀伝道義会に来り一泊す、ミス・ホシダ外一同款待《かんたい》至らざるなし、一年に一回又は二回此所に来り相互の信仰に由りて相共に慰め又慰めらる、過去十七年間此歓喜《よろこび》は連続して今日に至つた、余に亦余の団体以外に聖き交際《まじはり》のある事を多くの人は知らないであらう、朝飯を終へて後に伯母《アント》ホシダと共に久里浜《くりはま》に至り十八年振りにてペルリ上陸の紀念碑を仰い

だ（全三二）

一九一九（大正八）年一一月五日には次のような記述もみられる。

横須賀に行きホシダのお伯母さんの病気を見舞ふた、帰化せる彼女の熱烈なる愛国心（我日本国に対する）に驚いた、彼女を慰むるよりは反て大に慰められて帰つた、米国宣教師中稀には彼女の如き潔士烈婦がある、我等日本人たる者彼等に対し深き尊敬と感謝とを表せざるを得ない。（全三二）

しかし、フィンチは一九二四（大正一三）年六月一六日死去。その訃報に接した内村は、六月二一日の日記に次のように記した。

ホシダの小母《をば》さんの永眠を聞いて非常に悲んだ。日本に帰化せる米国婦人であつて、過去十数年間親しき友誼を交ゆる事が出来、益する所多大であつた。彼女は日本を強く愛せし米国人の一人であつた。（全三四）

このとき、内村は数え年六四歳、フィンチは五六歳、年齢でみても、内村より八歳も若かった。

5　ワイドナー（Weidner, Sadie）

アメリカ・ドイツ改革派教会宣教師として一九〇〇（明治三三）年にアメリカから来日。宮城女学院に勤務、一九〇六年に一度帰国したが、一九〇九年に再来日し同校の校長に就く。一九一三年に辞任して帰国。改めて一九一八（大正七）年に再来日し独立して岐阜の大垣に美濃ミッションを創立。同年夏、内村を訪問、内村は彼女の独立伝道を歓迎している。自分が出席できなくなった祈禱会を会員の坂田祐（のちの関東学院長）に依頼するにあたり、大垣で働くミス・ワイドナーのための祈禱をも依頼している。さらに一九一九年の再臨運動で西下の途次、わざわざ大垣で下車して彼女と会い、翌日には共に養老の滝を訪ねた。このワイドナーのはじめた美濃ミッションが一九二九年から三〇年にかけて起こした神社参拝拒否問題に対して烈しい弾圧が加えられた（鈴木『信教自由の事件史』オリエンス宗教研究所、二〇一〇）。ワイドナーは一九三九（昭和一四）年、帰国の途中に死去。

6　ヴォーリズ（Vories, William Merrell、日本名、一柳米来留）

特定の教派に属する宣教師ではなかったが、実業家であるとともに建築家でもあったヴォーリズを、伝道者とも呼ぶのに異論はないであろう。一九〇五（明治三八）年に英語教師として来日。その後、メンソレータムの製造、販売をする近江兄弟社を創業するとともに、建築家として多くの学校や京都の大丸などの設計にもたずさわった。

内村は、一九二二（大正一一）年六月に京都に滞在中、近江八幡にヴォーリズを訪ね、「講話」もしてヴォーリズ宅に一泊している。その翌一九二三年には、前述のように軽井沢でリデルに会い、その次の日にはヴォーリズとも会っている。

ついで一九二四（大正一三）年に刊行されたヴォーリズの著書『吾家の設備』（文化生活研究会）に序文を寄せ、当時のアメリカの反日的傾向に対し「君は日本に在りて独力で働いて独力で教化的難事業に従事」していることを讃えた。

実を言うと、筆者は若きころヴォーリズから直接話を聞いたことがある。ヴォーリズとしては即興的な話で、聞き手も数人であったように記憶している。話の内容もきわめて単純明快であったから、いまだに覚えているのだろう。それは一日二四時間の使い方で、一日を三分し、八時間は働き、八時間は好きなことをし、八時間は睡眠で過ごすという話であった。この話を聞いたとき、労働と睡眠のほかに、まだ八時間もあることを再認識させられたのであった。このように未だに記憶に判然と残る話は、こういう単純な話ではないかと思う。時期は一九五五（昭和三〇）年ころと思うから、今から七〇年も昔である。ヴォーリズもまだ五〇歳ほどで、アメリカ人としては背丈も我々日本人と変わらず、親しみやすい人柄を感じた。

以上、数人の宣教師をとりあげたが、ここで述べた人々でみるかぎり、内村をひと口に宣教師嫌いとして片付けることはむずかしい。そのなかには、女性の宣教師も少なくない。ただし、判明することは、教派と教派的な動きしかできない宣教師を嫌ったことだけは確かである。

八　「不敬事件」はなぜ大騒ぎになったか

ここでは、内村ひとりによる一高不敬事件と、井上哲次郎により引き起こされた教育宗教衝突事件とを分けてみることにした。後者により、前者はいっそう大問題として展開したからである。なお教育宗教衝突問題に関しては、一度は活字化されながら、刊行元の事情により流布されなかったままの筆者の文章を収めた（七二～八五頁）。

1　一高不敬事件

一八九一（明治二四）年一月九日、第一高等中学校の教育勅語奉読式において、教員内村鑑三による「不敬事件」が起こった。同校に授与された教育勅語の拝読式において、教員内村のとった態度が「不敬」とされた事件である。この一教員のとった態度が、なぜ、内村をして日本に居場所のなくなるほどの大事件となったのか。これには、帝国大学教授文学博士井上哲次郎が、その出来事をはじめとする「教育と宗教の衝突」と題する論文を全国の数多くの雑誌に掲載したことによっている。それによって内村鑑三の「悪名」を全国に行き渡らせ、内村を日本に「枕する場所なき」(『基督信徒の慰』)にまで到らせてしまったのである。

それには、まず「内村鑑三不敬事件」として知られる歴史的な出来事について略述する必要がある(くわしは教文館から一九九三年に刊行した『内村鑑三日録・一高不敬事件』上下二冊に述べた)。

前述したように、アメリカからの帰国後、最初に赴任した北越学館では宣教師たちとの間で教育方針が合わず辞職した。しばらくは水産伝習所などで教えたりしていたが、やがて、知人の第一高等中学校教授木村駿吉の斡旋により、一八九〇(明治二三)年九月から、同校の嘱託教員として就職が決まった。同校は、内村が学んだ東京大学予備門を前身とする学校である。いわば母校への就職であり、学生は同校から東京大学への進学の道が開かれている。内村は同校での教育に大きな期待をもって臨んだ。

同年一〇月、「教育ニ関スル勅語」(以下「教育勅語」とする)が発布された。内村の勤めていた第一高等中学校では、同年一一月三日の天長節に、発布されたばかりの教育勅語の朗読が行なわれた。これは原本の謄本であるから、「御名御璽」の印があるもので、どの学校にも同じものが交付された。

ところが同年一二月、第一高等中学校など特定の学校に対しては、「睦仁」との天皇の親署入りの教育勅語が交付されたのである。第一高等中学校では、これを年内に文部省から受け取っていたが、冬休みを終えた翌年一月九日、改めてこの特別の教育勅語の奉読式が開催された。

おそらく先に受領した普通の教育勅語（「御名御璽」の印だけ）のばあいは、全校の教員、生徒を前に校長の朗読だけで終わったと思われるが、今回は天皇の署名入りの勅語である。そのため特別の扱いとなった。まず校長をはじめとする全教員が、その前に進んで「奉拝」を求められることになり、その後「奉読」の運びとなった。

この「奉拝」に対し、同校に在職していたキリスト教信徒のうち、中島力造と木村駿吉の二人は、何か予感がしたのか欠席をきめたが、内村は正直に列席したのである。それ相応の覚悟をしたうえでの列席かどうかは明らかでないが、結果的には、勅語を前に「奉拝」の順番が回ってきた内村は、それを前にして列席者がみて充分とみなされる「奉拝」をしなかったとみてよい。内村には、とっさに天皇の署名を「神」として礼拝することに対する拒否の心が作用したとみられる。すなわち内村の心には、その信じるキリスト教の「神」以外のものを「神」として拝することへの抵抗がはたらいたとみたい。

その結果、これも時代の機運かもしれないが、まず生徒の中から非難が起こった。ついで、マスコミ、仏教系の新聞などで一斉に報道され、ついに内村が流行性感冒（インフルエンザ）で意識も定かでない間に、友人の筆になる辞表が提出されてしまった。今日遺されている辞表を見るに、「内村」の署名が「内邨」となっていて、内村がふだん使っている文字ではない。明らかに別人により書かれた署名である。

しかし、他人の筆にせよ、退職だけならばまだ内村をして日本に居場所のないほどの窮境に追いやることはなかったかもしれない。その「悪名?」を日本全国に喧伝流布させたのは、次に述べる井上哲次郎であった。

2 教育宗教衝突論について

ここには、後述する『教育宗教衝突論史料』(飯塚書房、一九八二)に別冊として付された、筆者による『教育宗教衝突論史料　解題』の一部を転載する。

*

一　教育宗教衝突論について

一八九二(明治二五)年の秋、雑誌『教育時論』の一記者が、帝国大学文科大学教授井上哲次郎を自宅に訪問、教育と宗教、とくに日本の国体とキリスト教との関係につき井上の見解を質した。この質問に対し、井上の語った話が『教育時論』二七二号(一八九二年一一月五日)に掲載された「宗教と教育との関係につき井上哲二《ママ》郎氏の談話」であった。これが発表されるや、いち早くキリスト教側の反論があり、さらに仏教側の応戦などがあいつぎ、同年暮から翌年にかけての新聞雑誌をにぎわす大論戦に発展した。

教育宗教衝突論史料としてここに覆刻された四冊の本は、同論争の最も代表的、かつ基本的な史料である。この四冊の編著者名、題名、発行者および発売所名、刊行年月日を、重複をいとわずに示すと次のごとくである。

一、井上哲次郎著『教育ト宗教ノ衝突』井上蘇吉 敬業社（文盛堂、哲学書院）明治二六年四月一〇日

一、関皐作編『井上博士と基督教徒 一名「教育と宗教の衝突」顚末及評論』関皐作 哲学書院（敬業社、文盛堂）明治二六年五月九日

一、関皐作編『井上博士と基督教徒 続編 一名「教育と宗教の衝突」顚末及評論』関皐作 哲学書院（敬業社、文盛堂）明治二六年七月一日

一、関皐作編『井上博士と基督教徒 収結編 一名「教育と宗教の衝突」顚末及評論』関皐作 哲学書院（敬業社、文盛堂）明治二六年一〇月九日

教育宗教衝突論の引き金は、直接には帝国大学教授井上哲次郎の談話にあったが、それほどの大論争として展開するためには、それ相応の背景がその前に存在していた。すなわち、一八九〇（明治二三）年一〇月三〇日の教育に関する勅語の発布と、翌一八九一年一月九日、第一高等中学校で挙行された勅語奉読式において起こった教員内村鑑三の「不敬事件」である。

第一高等中学校における内村鑑三の「不敬事件」は、すでによく知られていることであるので、一、二の新しい資料のほかは略述にとどめたい。一月九日の勅語奉読式において、教員は、天皇

井上哲次郎著『教育ト宗教ノ衝突』
敬業社、1893年

の「親署」のある勅語に向って「敬礼」することになったが、内村は、それが「礼拝」にあたるものとみて躊躇し、充分な「敬礼」を尽くさなかった。これが「不敬」とされた。ところが、この事件は、しばしば誤解されて喧伝された。それは、「敬礼」が要求された対象は天皇の写真であったとか、内村が、それを前にして全然「敬礼」をなさなかったという見方である。じっさいに「敬礼」の求められた対象は、今述べたように天皇の「親署」であり、それに対し内村が、一般に認められる程度の「敬礼」を尽くさなかったことが「不敬」とされたのである。これについては、事件直後に同校校長木下広次が内村に送った次のような書簡の文面によっても知ることができる。

親署親翰ト申セハ至尊モ同様トノ感情ハ日本古来ヨリノ感情ニテ社会上神聖物ト相成居本校ニ於テハ社会上ノ感情養成ノ折柄ナレバ此上モナキ本尊ニ御座候因テハ之ニ対スル敬礼ハ普通最重ノ敬礼ヲ可用コトハ勿論ノコトニ御座候（木下広次「内村氏へ之尊書写」の抄録。『内村鑑三全集』「月報4」、一九八一年一月）

つまり、第一高等中学校に授与された教育勅語にある天皇の「親署」に対して、内村が「最重ノ敬礼」をなさなかったことが、この真相であった。

しかし、事件の後、たまたま流行性感冒が悪化して高熱を発し、生死の間を内村が彷徨している間に、その第一高等中学校辞職願が提出されていた。また、そのような状態の内村の家におしかけたり投石する者もいたという。当時同校の生徒であった中村進午の回顧談によると「不敬なる内村を葬る可く大運動を開始する、私と野田は独法科全生徒を代表して内村の宅に突入し、内村の行動の非なるを痛罵すべく膝詰談判を開始した」（読売新聞社編『名士の学生時代』岩陽堂書店、一九一五年）とあり、その伝説の事実であったことが裏づけられる。

他方、熊本英学校の事件は、翌一八九二年一月一一日の同校校長就任式で起こった。教員総代奥村禎次郎が、挨拶のなかで「本校教育の方針は、日本主義に非ず、亜細亜主義に非ず、欧米主義にも非ず、乃ち世界の人物を作る博愛世界主義なり、故に我々の眼中には、国家なく外人なし、況んや校長をや、今日の来賓をや、余輩は唯人類の一部として之を見るのみ」（柏木義円「開書」『女学雑誌』三〇四、一八九二年二月一三日）と述べたことにより、奥村は「勅語に背戻」する「大不敬乱臣賊子」とされ、熊本県知事より解雇命令が出された事件であった。

第一高等中学校の内村にしても、熊本英学校の奥村にしても、教育勅語に「背戻」する言行のあった人が、いずれもキリスト信徒であり、後者はキリスト教主義の学校でもあったことなどから、教育勅語とキリスト教との関係が、にわかにクローズ・アップされ、あわせて国家の教育と宗教との問題が論じられはじめた。そこへ、『教育時論』において井上哲次郎の「談話」が掲載されたため、教育宗教衝突論は一挙に火を噴いたのである。

二 論争の経過

それまでにも、教育と宗教をめぐる論議はあったが、「談話」が帝国大学教授にして文学博士の井上によってなされたために世の注目を集めた。井上は、年齢こそいまだ三〇歳代とはいえ、ドイツ留学から帰国してまもない新進の哲学者とし、帰国早々『勅語衍義』の執筆を依頼されるなど、政府筋からは嘱望された学者であった。

井上が、その「談話」で示したキリスト教批判は、おおよそ次の四点にまとめられる。

一、教育勅語が国家を主とする国家主義に立脚するのに対し、キリスト教は人類を同一視し、無国家的であること。

一、教育勅語が重点を現世におく現世主義にもとづいているのに対し、キリスト教は重点を未来と出世間とにおき、現世を軽視すること。

一、教育勅語の博愛が、まず自己の親から始まり、のち他人の親におよぶ「差別的愛」であるのに対し、キリスト教の博愛は墨子の兼愛と同じく「無差別的愛」であること。

一、教育勅語は忠孝をもって「道徳の骨髄」としているのに対し、キリスト教はこれを軽視して説かないこと。

井上のこの「談話」にただちに応じて、青山英和学校長本多庸一が「宗教と教育との関係につき井上氏に質す」と「井上氏の談話を読む（承前）」を『教育時論』の二七六号（一八九二年一二月一五日）および二七七号（同一二月二五日）に寄せた。『六合雑誌』の一四四号（同一二月一五日）には横井時雄が「徳育に関する時論と基督教」、『同志社文学』には柏木義円の筆とみられる「勅語と基督教」（五九、六〇号、同一一月二〇日、一二月二〇日）が掲載された。いずれもキリスト信徒による反撃であった。

井上は、このため、改めて「教育と宗教の衝突」と題する論文を、一八九三（明治二六）年一月より『教育時論』や『天則』をはじめとする、教育、仏教、思想関係の新聞雑誌に連載し始めた。途中、その論文が「予想以上の長文」となるため、連載はうち切り、別に単行本として刊行することにした。単行本は四月に『教育ト宗教ノ衝突』と題して発行された。同書および、関皐作編『井上博士と基督教徒』によると、井上の論文「教育と宗教の衝突」を連載した新聞雑誌は、次の二八種を数えている。

教育時論、天則、教育報知、日本教育雑誌、大日本教育会雑誌、国之教育、東洋学芸雑誌、千葉県教育会雑誌、茨城県教育雑誌、北陸教育、仏教、浄土教報、密厳教報、日宗新報、明教新誌、護法、仏教公論、教友雑誌、伝灯、活天地、法之雨、能仁新報、真仏教軍、花の園生、三宝叢誌、四明余霞、宗教、九州日日新聞（鈴木注、明白な誤記とみられる二、三の誌名は訂正）

これらのなかには井上が直接送付した原稿によることなく、他の新聞雑誌より転載したものも少なくないことは、井上自身単行本『教育ト宗教ノ衝突』の「緒言」において、『宗教』や『九州日日新聞』の例をあげていることでも判明する。

右の新聞雑誌に連載された部分は、単行本『教育ト宗教ノ衝突』でみると九八頁の六行目「……知るべく」までの部分である。全文の約三分の二にあたるといえよう。ただし、新聞雑誌に連載した論文の最末尾の一部は除かれている。逆にその方は『井上博士と基督教徒』に収録されているので、これも頁で示すと一一四頁の三行目「きなり……」以下が省略されたことになる。

論文「教育と宗教の衝突」が、このように多くの新聞雑誌に連載されたことは、キリスト教側の反発を買い、いっそう多くの反論を招くことにもなった。それらの主なものをあげると、三月一日の『真理』四一号に丸山通一の「日本現今倫理文学一斑」、三月四日からは『日本評論』四九～五一号に植村正久の「今日の宗教論及び徳育論」、三月五日の『教育時論』二八四号に大西祝の「私見一束（上）」、三月一五日の同誌二八五号に内村鑑三の「文学博士井上哲次郎君に呈する公開状」、三月二三日の『国民之友』一八五号に高橋五郎の「偽哲学者の大僻論」などである。

なかでも、とくに井上および仏教側を刺激したのが高橋五郎の論文であった。この論文は『国民之友』一八五号（一八九三年三月二三日）に発表された「偽哲学者の大僻論」（「教育と宗教の衝突」を駁す）と題されたものであった。これは『井上博士と基督教徒』においては、事情により全文の収録がなく要点のみのため、本解題末にこれを付録として収録した（鈴木、本書では省略）。

そのなかで高橋は言う。「政治界における同じく茲にもまた曲学阿世の徒輩あり、維新の初に於ける尊皇攘夷家をきどり、徒らに大言壮語して民心を煽動し、妄りに勅諭を曲解して隠に私情を満たさんと計るや至らざる無し」と。ここに記された「曲学阿世」の言葉は、教育宗教衝突論を通じて一種の流行語とさえなった。かたや井上側は、これを「人身攻撃」と称した。

高橋五郎は、帝国大学教授井上と比較すると、年齢こそ井上より一年あとの安政三年生れであったが、一介の在野のジャーナリストにすぎなかった。一八七五（明治八）年に横浜でS・R・ブラウンから英語を学び、一八九二（明治二五）年からは、東京専門学校、神田国民学校の英語講師をつとめ、同時に雑誌記者として著述翻訳に従っていた（「高橋五郎履歴書」郵政資料館所蔵）。

高橋の論に接した井上は、三月二八日付で高橋に書翰を送り、批評は「教育と宗教の衝突」を単行本として一冊にまとめてからにしてほしい旨を伝えた。これが『井上博士と基督教徒』にも納められている「高橋五郎氏に寄する公開状」である。これを載せた『国民之友』（一八六号、一八九三年四月三日）は、それをもって井上の高橋への「休戦」状とみなした。このことが、同年四月六日の新聞『自由』において、「学者界の一珍事」として報道されるにおよび、一般の新聞紙も一斉にこれを書きたてた。このことは『井上博士と基督教徒』に収録された『時事新報』四月九日の記事などによっても知りうる。ただ同書には、その『自由』の記事が収められていないので、次にこれを紹介する。

学者界の一珍事

学者とはこんなものか此程文学博士井上哲次郎氏は「教育と宗教の衝突」と題し数多の雑誌に投書して縷々喋々耶蘇教攻撃を始め其一意攻撃を主として雑駁の例証を並べたるは堂々たる真正の哲学者の所存に似ずと一派の人々には冷笑せし者もありしとか然るに評論家の聞へある高橋五郎氏は「偽哲学者の大僻論と教育と宗教の衝突を駁す」と題し国民之友第百八十五号の紙上より井上氏攻撃を始めたりしが流石に氏の筆堂々自称学者の高鼻を叩きはじめて痛快の感なきに非らずアワヤ近頃学者間の面白き一論戦は始まつたりと末々待ちし甲斐もなや高橋氏の論文は未だ発端のみにて未完なるに井上氏は此程自分の文は未だ完備せず且つ引例中不確なるものあり追て正誤致す筈なれば君の御批評は其上にて充分被成下度候との公状を高橋氏に寄せて休戦を請求せしと而して是れは表面の事にて偖てこの内裏と言ふを聞けば更に驚き入つたる次第右の博士は基督教社会にて有名なる某々二氏に仲裁を依頼し某二氏は之を諾して高橋氏に向ひ、博士は元と大学の何の部長とかになる都合にて彼の論文を全国三十三種余の雑誌に投書したるものなり然るに今改革の波瀾渦高き今日君のかの攻撃文を出されては大に迷惑なれば願くば見合はせ呉れよと仲裁談判に及びしなりと偖ては見下げ果てたる博士の心事実に驚き入たる次第なりシテ又た基督教社会の某々二氏とかが其取次を為せりとは情なき話ならずや基督教も斯くまで軟派になりけるよな去るにても高橋氏はさるもの若し彼の切角の曲学征伐の論鋒を此儘引込む如きあらば氏も亦同流者たるを免れじ高橋氏たる者必ず磊々として為す所あるべしと目下世評嘖々たりとぞ

この『自由』の記事は、のちに高橋が「偽哲学者の大僻論」を再録して『排偽哲学論』（民友社、一八九三）と題する一冊を刊行するとき、その「付録」に収められた。ただし、その際、「博士は元と大学の何の部長とかになる都合にて」のところと「今改革の波瀾渦高き」の二箇所が、「〇〇〇〇……」と伏字になっている。『自由』の記事のなかで井上の依頼を受けて仲裁にもあたった「基督教界にて有名なる某々二氏」は、他の新聞類において一人が横井時雄とされている。また本記事の執筆者を金森通倫とする見方もある（「井上博士と基督教徒との論戦（二）」、『仏教』六七、同年四月二〇日）。『自由』は、その翌四月七日にも「学者界の一珍事に就て」という記事を掲げ、そこで井上の「休戦」状を受けとった高橋が、その攻撃を中止するに至ることを語った書簡を公開している。それも次に引用しておく。

学者界の一珍事に就て

近頃の一珍事、文学博士井上哲次郎氏が先には大威張りに論戦を試み乍ら高橋五郎氏の痛撃に遭ふて衷情を訴へ休戦を請ふたる奇談は昨日の誌上に掲げしが尚ほ聞き込みたることあれば爰に掲げんに高橋氏が彼の攻撃文を中止するに至れる次第を某氏に報じたる書面なるも

のは左の如しと、

該論文は拙なりと雖も相手が大家ゆゑか非常の注意を世間に喚起し到る処其話ある位に有之且又私の戦略――井上氏を孤立せしめ日本中の学者を私の味方にするの策は至極当り候と井上氏は一身の地位既に危く悪くすれば此改革の際免職にならんも諮られずとの事にて昨日〇〇〇〇君と〇〇〇〇君とを請ふて前非後悔の旨を陳謝し其斯の如く妄説を吐きたるはレツキ、ルナンの徒のみ信じたるによるとて至極ウチアケテ白状せられ追て其説を大に変更し且つ〇〇、〇〇両君の校閲を経て両君の満足する様に計らはんと申し出で其代りに高橋が攻撃を寛《ゆる》くするか中止するかは黙々の約束と相成たる次第にて私が第二回の論文起草中昨日〇〇君来られて右の由ハナシ有之井上が我を折りたるは非常の事故幾分か勘弁する所ありたりと望まれ且井上氏は仏教は到底我宗教として力なければ耶蘇教でなければならぬと云ふは我持論なれば此事も尚天下に明言せんとまで約されたれば如何にも憐むべくして最早や攻撃は忍びぬ由申され候私は私怨を以て始めし事に非ざれば決して窮鳥の懐に入るを逐はず候窮寇は追はずとも古人は言ひたれば私は喜んで此に筆を擱き候

三月二六日

了々堂々たる文学博士、帝国大学の教授また此の如き所行あるか大学の教授は此の如きものなるや大に注目すべき事なるべし

まことに奇怪にして理解に苦しむ書簡であるが、いずれにせよ高橋が、『国民之友』において連載をしたばかりの「偽哲学者の大僻論」なる論文を、その文末に「未完」と記したまま中止したことは確かである。

この間、四月に井上の単行本『教育ト宗教ノ衝突』が刊行された。これには、井上からキリスト信徒の不敬事件につき事実の調査を依頼された横井時雄の報告が加えられ、四月一五日付の井上の後記も載っている。このことより、奥付の発行日は四月一〇日となっているものの、じっさいの刊行は四月の末であったと思われる。本書もまた多くの新聞雑誌のとりあげるところとなり、日ごろキリスト教に対し好ましからぬ感情を抱いていた仏教系の新聞雑誌は、競ってその刊行を歓迎する書評を掲載した。

単行本『教育ト宗教ノ衝突』の好調な売れ行き（仏教側が二千部買い上げたともいわれ、再版は五月四日、三版も七月一八日付で出ることになる）にあわせて、高橋批判が昂まるなかで、高橋の方も、そのまま引き下がることは不利とみたらしい。『国民之友』一八九号（五月三日）より、高橋は再び「悔悟の哲学者」を連載し、井上批判を続けた。

他方、井上は、『自由』の編集部に書簡（「寄自由新聞社書」として『井上博士と基督教徒　続編』に収録）を送り、先に同紙が公表した高橋の書簡に記された出来事の「虚伝」であることを訴えた。例の『高橋五郎に寄する公開状』も決して「休戦」状ではないと言い『自由』紙上に掲載された記事の取消しを求めた。ところが、これに対し『自由』は、その翌日の六月一日に、この井上の書簡を読んだ高橋の「開書」を掲載している。高橋は、そのなかで、四月七日に『自由』に公表された高橋名の書簡は、たとえ自己の書簡ではあっても、公開を前提として記されたものでない以上は「徳義上該書を公然と我筆なりと認むる能はず」との微妙な発言をしている。つまり、それが、ある意図のために捏造されたものでなく、自分によって書かれたものであることを暗に認めているのである。

このように井上哲次郎と高橋五郎との間の虚々実々とも言えるような応酬を含みながら、教育宗教衝突論は一八九三年の夏過ぎまで続いた。『明教新誌』において「衝突論下火となる」と題された記事が書かれたのは八月一二日であるから、およそ九カ月もの間、日本の宗教界、教育界、言論界をゆるがせた大論争であった。内村鑑三の「不敬事件」から数えると二年半にわたる長期の論争であったといえる。これにより、内村鑑三による「不敬事件」は一挙に何倍、何十倍も喧伝され、内村をして日本から住む所を喪失させたのであった。

3 井上哲次郎の不敬事件

なお、一九二六（大正一五）年になってからのことであるが、この井上哲次郎が前年に出版した『我が国体と国民道徳』の著書により、今度は代わって「不敬漢」呼ばわりをされる事件が起こった。これを聞いた内村鑑三は、同年一〇月二四日の「日記」に次のように記している。

雑誌『日本及日本人』十月十五日号に東京帝国大学名誉教授学士院部長貴族院議員正三位勲一等井上哲次郎氏が皇室に対する不敬の故を以て諸方より痛撃せらる丶を読んで不思議に感じた。其の内に左の言をさへ見た。

> 神武天皇即位以来二千五百八十六年、其の間時の汚隆世の治乱なきにあらざれども、未だ嘗て祖宗の聖徳を誣罔し奉りしものあるを聞かず。又未だ嘗て、神器の威尊を冒瀆せるものあるを聞かず、其の之あるは実に彼の哲次郎のみ云々

と。多分日本臣民として之よりも強い攻撃を加へられたる者はあるまい。然るに此井上哲次郎氏こそ明治の二十四年頃、自分を第一として基督信者全体の不敬の罪を天下に訴へた人であつた事を知つて実に今昔の感に堪へない。三十五年前の日本第一の忠臣愛国者が今日の日本第一の不敬漢として目せらるるとは信ぜんと欲して信ずる能はざる不可思議である。自分の如き井上氏の痛撃に会ふて、殆んど二十年の長き間、日本全国に枕する所なきに至らしめられし者に取て、井上氏今回の不敬事件は唯事《ただごと》とは如何《どう》しても思はれない。何にか其内に深い意味があるやうに思はる。斯く言ひて今日井上氏に対し怨みを報ひんと欲するのでない。自分の場合には痛撃は壮年時代に臨んだのであつて、之に由りて蒙りし傷を癒すの時があつた。然し井上氏の場合に於ては老年に於て之が臨んだのであつて傷を癒すの時の甚だ短きを思ふて、其事丈けは氏に対し深き同情無き能はずである。願ふ井上氏が此際男らしき学者ら

しき態度に出られ、立派に此難局を切抜けられんことを。

この時、内村は数えの六五歳、井上は同じく七二歳に達していた。内村は、自分に比して井上には「癒す時の甚だ短き」を案じている。

＊

前述したように本稿の大部分は、かつて約四〇年前に『教育宗教衝突論史料』全四冊（飯塚書房、本郷出版社、一九八二）を刊行するにあたり、別冊『教育宗教衝突論史料　解題』として筆者が記したものによっている。同史料は、井上の「教育ト宗教ノ衝突」をはじめ、それをめぐる文章として、「井上博士と基督教徒」、「井上博士と基督教徒　続編」、「井上博士と基督教徒　収結篇」の四冊を収めたものであり、その解題にあたっては、可能なかぎり収録された原史料と照合し、題名などの訂正も付したものである。ところが、一九八二（昭和五七）年、その発売を直前にして発行所の破産により刊行されても販売に到らず処分された書物である。したがって、製品として残されているものは、筆者の手元にある一部をふくめ数部にとどまるので、ここに収録した。

ここに述べたように、一口に一高不敬事件と言っても、二段階あったとみてよい。第一段階では、まだ内村鑑三個人による事件が主でキリスト教は従であったが、第二段階においては、井上哲次郎によりキリスト教非難が主となったのである。では、内村の事件は従となったかというと、決してそうではなく、事件の拡大にしたがって内村の「悪名」も高まっていった。内村は、のちにたびたび述懐するように日本に「枕する所なし」(マタイ八・二〇)に至ったのである。

このように内村の「不敬事件」は、日本の思想史上にも例をみないほどの大論争になったが、近代の日本において天皇制および天皇の絶対化、神化に対して、疑問をなげかける意味または意義をもった出来事と言えるだろう。

九　天皇をどうみたか

この問題をみるにあたっては、先の一高不敬事件の「不敬」につき再考するとともに、「明治人」として内村の天皇観をみることになる。

1　一高不敬事件の「不敬」とは何か

前述したように、内村は、第一高等中学校の教員時代、教育勅語奉読式において、明治天皇の名前「睦仁」の親署された教育勅語に対して、当時相応の「低頭的礼拝」を尽くさなかったことにより辞職に追い込まれた。それが、世間一般には「不敬事件」として広く喧伝されたが、いわゆる法律上の不敬事件ではなかった。

すでに一八八〇（明治一三）年に公布された「太政官布告第三十六号」によると、その第二編「公益ニ関スル重罪軽罪」の第一章（皇室ニ対スル罪）の第百十七条において次のように定められている。

天皇三后皇太子ニ対シ不敬ノ所為アル者ハ三月以上五年以下ノ禁錮ニ処シ二十円以上二百円以下ノ罰金ヲ付加ス

内村がこの規定に該当しないとするならば、直接、天皇に対する「不敬」でなく、その「親署」に対する態度とみてよい。内村は、天皇の親署のある教育勅語に対し、当時一般に認められているほどの頭の下げ方をせず、あいまいにして終わったことによる。

しかし、世間的には「不敬事件」として喧伝され、病気により休んでいる内村の自宅へ抗議者が押しかけて入り、放尿する者まであったほどとなる。

ただ、内村は、その天皇の署名に対して「神」に対する拝礼同然の「低頭」を躊躇したのである。しかし、それが当時の日本には通用しなかったことが大事件となったのであった。

2　幸徳秋水事件

一九一〇（明治四三）年六月一日、「大逆事件」が起こり、幸徳秋水らが逮捕された。内村は幸徳とは朝報社において同僚であり、ロシアとの開戦非開戦論が起こると、非戦論を唱え、その理由は別だが共に同社を辞した関係にあった。同事件に対する直接の言及はないが、正宗白鳥は、内村が講演のなかで「アメリカには頭に重いものを乗つけてゐないからい丶、と云つて軽い笑ひを洩らした」（正宗白鳥『内村鑑三』細川書店、一九一九）と述べている。

その幸徳秋水たちに対して、翌年一月には早くも死刑が執行された。一方、その死刑執行の前に徳富蘆花は「恩赦請願書」を提出していた。しばらくして第一高等学校で蘆花は「謀反論」と題した講演を行ない、「諸君、最良の帽子とは頭に乗っていることを忘れ得るような帽子」であると語ったとされる（浅原丈平「蘆花先生の一高講演〝謀反論〟の回想」、『武蔵野ペン』一、一九五八年六月二五日）。

3　天皇の「崩御」

それから二年後の一九一二（明治四五）年七月三〇日、天皇が世を去った。同年九月三〇日、その大葬の挙行された日、乃木希典夫妻が殉死する出来事があった。

当時の新聞も雑誌も、表紙はもとより全紙・全誌面をあげて、天皇の死去を大々的に取り扱った。それらに比すると、内村が刊行していた『聖書之研究』一四五号（同年八月一〇日）は、表紙を見る限り、見出しの末尾に「闇中の消息」が記されているのみである。その記事も同誌の末尾で、次のように述べられている。

○申すまでもなく明治天皇陛下の崩御は譬へやうなき悲痛であります、私共は之に由て天地が覆《くつが》へりしやうに感じます、聖書に謂ふ所の日も月も暗くなり、星もその光明《ひかり》を失とは斯かる状《さま》を云ふのであらふと思ひます（約耳書《ヨエル》三の十五）、私共は今更らながらに此世の頼みなきを感じます。

内村としては精一杯の哀悼の言葉であろう。

続いて一九二六（大正一五）年一二月二五日の大正天皇の死去のばあいも述べておこう。大正天皇は、明治天皇とは多くの点で事情が異なっていることもあろうが、『聖書之研究』の誌面には特別の記述はみられない。ただ、当時、連載をしていた「日々の生涯」と題された日記形態の記事のなかで、一二月一四日ころから病状を案ずる記述が見えはじめ、一二月二五日のなかで次の言葉がみられる。

今日午前一時二十五分大正天皇陛下崩御せらる。恐懼に堪へない。同時に昭和と改元せらる。

直接の言及はこれだけである。ただし、内村の文筆全体を見ると、やはり明治、大正の両天皇個人および天皇制度自体に対しては、明白な否定はみられず、むしろ親しみさえ表白している。

しかし、「不敬事件」の後遺症のためか慎重な表現が失われていない。また、右の正宗白鳥の回想により紹介したように、本音は「頭に重いものを乗つけてゐない」方がよいと思っていたのではなかろうか。

一〇　無教会主義は教会の否定か

バルト（Barth, Karl）と並ぶ世界的神学者ブルンナー（Brunner, Emil）は、一九五三（昭和二八）年に来日したとき、無教会主義キリスト教に関心をもち、教会側に困惑を招いたことがある。内村がやむを得ず唱えた無教会主義キリスト教は、世界でも稀有なキリスト教と称してよい。今日でも門下生によって、その伝道集会と活動が各地で受け継がれている。

1　無資格者

一高不敬事件の影響は、内村が大きな希望をもって赴任した第一高等中学校の職を失うとともに、生活上の大困難をもたらした。しばらくは茫然自失の日々が続いたが、まずは今日の糧をえなくてはならない。その急場の苦境から内村を救った人物が、改めて後述する横井時雄であった。横井は自分の関係する教会の話を内村に担当させるなどの支援をした。しかし、結局、そのような教会でも正規の担当教師にはなれなかった。言うまでもなく内村は、アメリカで神学校を中退して帰国したために、教会の教師に就く資格を取得していなかったからである。

同様なことは京都に移り住んでからも続いた。続いたというよりは、むしろ強まったと言ってよいかもしれない。内村の一生にとり京都時代は「極貧時代」の同義語となった。札幌農学校の先輩大島正健が食事に連れ出すと、汁の最後の一滴までおいしそうにすする内村の姿が、のちのちまで記憶に焼き付いて残るほどだった。博覧会の看板書きもするなど、仕事を選ぶゆとりはなかった。そのなかで新たに岡田しづと結婚、そのしづを最初に驚かせた部屋の光景が、全く何もない生活状況だった。

2 「無教会」

右のような京都時代の極貧生活のなかにあって、辛うじて可能なことは執筆だった。その住居となった家は、家主が幸い貸本業を営んでいたから、今日のように図書館のない時代には大いに助けになったことであろう。極貧生活を送るなかで、内村の一生においても今日に残る『基督信徒の慰』、『求安録』、英文『代表的日本人』、同じく『余はいかにして基督信徒となりしか』などの名著が、皆、この時期に産まれたのであった。

そのなかの『基督信徒の慰』の「第三章　基督教会に捨てられし時」において言う。

余《よ》は無教会《むけうくわい》となりたり、人の手《て》にて造《つく》られし教会《けうくわい》今は余は有《いう》するなし、余を慰《なぐさ》むる讃美《さんび》の声《こゑ》なし、余の為めに祝福《しくふく》を祈《いの》る牧師《ぼくし》なし、然《さ》らば余は神《かみ》を拝《はい》し神に近《ちかづ》く為めの礼拝堂《れいはいだう》を有《いう》せざる乎

しかし、代わって内村は、大自然のなかに出て「独《ひと》り無限《むげん》と交通《こうつう》する時、軟風背後《なんぷうはいご》の松樹《しやうじゆ》に讃《さん》歌《か》を弾《だん》じ、頭上《とうじやう》の鷲鷹《しうよう》比翼《ひよく》を伸《のば》して天上《てんじやう》の祝福《しくふく》を垂《た》るヽあり」、すなわち人工の建物としての教会に代わって、大自然がそのまま教会であることを見出したのである。こうして言う、「然《しか》り余は無教会《むきけうくわい》にあらざるなり」。

その意味での無教会の性格をもっともよく表明した文章が、一九〇一（明治三四）年に発行された「小冊誌」の『無教会』である。その創刊号の冒頭の「無教会論」で内村は次のように表明している。前掲した文章であるが、改めてここに再掲する。

無教会論

「無教会《むきやうくわい》」と云へば無政府《むせいふ》とか虚無党《きよむとう》とか云ふやうで何やら破壊主義《はくわいしゆぎ》の冊子のやうに思はれますが、然し決して爾《そ》んなものではありません、「無教会《むきやうくわい》」は教会《きやうかい》の無い者の教会であります、即ち家の無い者の合宿所《ぐわつしくじよ》とも云ふべきものであります、即ち心霊《しんれい》上の養育《よういく》院か孤《こ》児《ぢ》院のやうなものであります、「無教会」の無の字は「ナイ」と訓《よ》むべきものでありまして、

内村鑑三編輯

孤獨者の友人

無教會

家庭宗教美文の小雜誌

明治三十四年三月十日　第一號

『無教会』創刊号（1901年3月10日）

「無《む》にする」とか、「無視《むし》する」とか云ふ意味《いみ》ではありません、金《かね》の無《な》い者、親《おや》の無《な》い者、家の無《な》い者は皆な可憐《かれん》な者ではありません乎、さうして世には教会の無い、無牧《むぼく》の羊《ひつじ》が多いと思ひますから茲《こゝ》に此小冊子を発刊するに至つたのであります。

ここには勇ましい無教会論はなく、極めて控えめな無教会論が語られている。そのたとえの例として、青年時代に働いたアメリカの施設を思わせるような話がひきあいに出てくるあたり、過去の経験が決して無駄ではなかったことをも想起させる。

3　教会協力

右に見たように内村の無教会主義または無教会論は、その初めの主張時期においては、決して宗教改革的な宣言のように対抗改革的、敵対的な性質のものではなかった。

現に自分の子供たちを、幼いころには近くの角筈レバノン教会の日曜学校に通わせていた。その関係もあって娘ルツの葬儀は同教会で行なわれ、福田錠二牧師が司式した。代わって一九一五（大正四）年、同牧師の妻が死去すると、今度は代わって内村が同教会で行なわれた葬儀において弔辞を述べている。

また、埼玉県では最古の教会とされる和戸教会にも、時々話に出向いている。

若き日に札幌農学校の卒業生を中心にして、みずからの力で設けた札幌独立教会に対しては、上京後も関係を保ち、一時は同教会の教師の斡旋役のような役割を果たしていた。そのため、しだいに内村自身の聖書研究会の会員たちからは批判の眼でみられる時もあった。

一九一九（大正八）年ころの話になるが、『東京朝日新聞』に「霊界の生活に身を投じた法学士」と題して、東京帝国大学を卒業し農商務省に入省した塚本虎二が、同省を退職し内村の聖書研究会の補助役となった話が報道された。この話は塚本だけでなく、第一高等学校から東京帝国大学に進み、官僚になった青年たちの間に、内村の研究会に相次いで入会する現象がニュースとして報ぜられていた。

その塚本も、妻が植村正久の教会員だったこともあり、同教会をはじめ他の教会に対しても当初は協力的であった。ところが、関東大震災により妻の死に遭遇、これを契機に内村聖書研究会において、内村の前座をつとめるほどになると変わった。次第に教会と無教会との相違を意識するようになり、内村も「塚本君の無教会主義は自分のよりも遙かに激烈」と評するほどの徹底した無教会論を『聖書之研究』三三九号（一九二八年一〇月一〇日）誌上に発表するに至った。

結局、内村の最晩年の一九二九（昭和四）年、塚本は、内村の研究会から独立して自己の集会を持つ。そして独自に雑誌『聖書知識』を創刊。その表紙には、最上部にラテン語のEXTRA ECCLESIAM SALUSの文字を掲げ、その下に「教会の外に救あり」の文字が印刷されていた。三世紀のカルタゴの司教キプリアヌス（Cyprianus）の「教会の外に救なし」に対抗する言葉であった。

これに対し内村にとっては、無教会はあくまで「教会の無い者の教会」であった。そのため、特に晩年の札幌独立教会への応援は、東京の無教会会員のなかから不満の声が聞かれることもあったのである。

二　好きな日本人牧師はいたか

繰り返すことになるが、一八八七年、アマスト大学を卒業した内村鑑三は、ひきつづきハートフォード神学校に入学した。当時、牧師になるための教養学部のような性格のあったアマスト大学では、内村のような進路は、卒業生にとり一つの定まったコースであった。

しかし、型にはまったような牧師養成課程の勉学への不適応と心身の不調から、内村は同神学校を一年未満で退学して帰国した。それが、内村の人生には大きなハンディをもたらすことになる。

1　横井時雄の支援

前述したように、新潟の北越学館の宣教師たちと対立して教頭職を辞し帰京した内村は、二年後に第一高等中学校に就職した。しかし、ここでも教育勅語奉読式において「不敬事件」を生じさせてしまった。インフルエンザが悪化して臥床、なかば意識の混濁している間に、内村名による弁明書が各紙誌に送付された。その一つによると、内村は「親友　金森通倫　横井時雄　中島力造　木村駿吉等諸氏の賛成を以て改て拝礼することに決せり」と記されている。しかし、この手紙が内村自身の筆になるものではないことは用字などからも明らかである。他方、ここでは中島、木村の同僚の教員に加えて、身近な相談役として金森、横井の両人の存在があったことがうかがわれる。内村は、金森と横井の両人と、おそらく、一八八三（明治一六）年に東京で開催された第三回全国基督信徒大親睦会の会合において知り合ったものであろう。

横井は、幕末の政治家であるとともに学者でもあった横井小楠の子として、一八五七（安政四）年、肥後の国に生まれた。アメリカ人宣教師ジェーンズ（Janes, Leloy L.）の開いた熊本洋学校で学んだ熊本バンドの一人。のち開成学校をへて同志社に入学。卒業後、四国の今治教会、つづいて東京の本郷教会に赴任。

不敬事件直後にインフルエンザが悪化した内村に代わり、外部との対応は結婚してまもない妻かずがになっていたが、内村の恢復を待つかのように今度は妻が倒れ、まもなくして死去。その葬儀は横井の司式により営まれた。その後、生活の苦境に追い込まれた内村に本郷教会の話を担当させるなど、横井は何かと生活の支援を行なった。

その後の横井の人生は、同志社社長、逓信省官房長、衆議院議員など華やかな道を歩むが、最後は日糖事件により逮捕、服役もした。一九二七（昭和二）年死去。内村は、しばらくして開催されたその追悼演説会に出席、「横井君の為に弁ず」と題し、逮捕中も他人の罪をになわんとした態度に言及、その最晩年の生活に理解を示した。内村は、自己のおちいった苦境時に示された横井の支援を忘れることはできなかった（『故横井時雄君追悼演説集』アルパ社書店、一九二八）。

2　海老名弾正との友情

海老名弾正は筑後の出身だったが、ジェーンズの熊本洋学校に学んだ熊本バンドの一人。内村鑑三とは横井と同じく一八八三（明治一六）年に開催された第三回全国基督信徒大親睦会で知り合う。会合後、二人は日暮里駅近くの高台で、共に「信仰を以つて日本社会を教化して行くといふ話」をしたという（海老名弾正「内村君と私との精神的関係」、旧版『内村鑑三全集』「月報12」、一九三五）。その海老名が東京の本郷教会の牧師に就くと、一度ならず内村に講演を依頼、それを武者小路実篤と志賀直哉は聴講している。のちに海老名はキリスト論をめぐり植村正久と論争、一九〇二（明治三五）年には海老名が福音同盟会から除名される。そのとき内村は「私はお前に同情する、議論ではないハートである」と語った。一九二六（大正一五）年には、同志社総長室にわざわざ海老名を訪ねている。海老名が認めるように、両者は神学思想のうえでは大きな距離があった。それにもかかわらず国を思い、神を思う面で相通じていたという。さらに言えば、二人とも主流派から誤解され排斥された点でも共通する。

3　敬愛した吉岡弘毅

内村が、その一生において、もっとも敬愛した日本人牧師は吉岡弘毅であったと言ってよいと思う。吉岡は一八四七（弘化四）年生まれであるから内村より一四歳年長である。

幕末には官軍の一員として越後長岡城および会津城の攻撃にも参加。維新後は外務省に勤務。一八七〇（明治三）年には朝鮮に派遣。一八七四（明治七）年、朝鮮をめぐり征韓論の高まるなかで、外交官としての経験から政府に対し、同地人の日本に対する態度は日本を決して「軽侮」するものでなく豊臣秀吉の侵攻以来の「疑懼」によるとみて、征韓論に釘をさした（『明治建白書集成』第三巻、筑摩書房、一九八六。牧原憲夫「吉岡弘毅・ある明治初期外務官僚の精神史」、『歴史評論』一九八七・六）。

吉岡は朝鮮滞在中に中国語訳聖書を読み、帰国後に退官。ニコライ、フルベッキ、タムソンらからキリスト教を学び、一八七五（明治八）年、新栄教会でタムソンから受洗。前述した一八八三年に開催された全国基督信徒大親睦会にも参加し、内村らとともに写した記念写真に顔がみられる。当時は日本基督教会の本郷教会に所属していたが、伝道師として大阪北教会に赴任。一八八八年には高知教会に移り、その間に正教師となる。一八九二年、京都講義所に転任。この年末、同教会の信徒岡田しづと内村は結婚。当時、極貧生活を送っていた内村は、のちの『代表的日本人』などを執筆中で、吉岡から日蓮をはじめとする執筆資料の提供のほか、陽明学の知識も与えられたとみられる（二〇〇二年刊行の『日本キリスト教団室町教会百年史』によると、一八九一年の受洗者名に「岡田ハマ、岡田コウ」の名が記されている。岡田コウはおそらくしづの母であり、ハマはしづの妹とみてよいだろう）。

吉岡は、一八九八（明治三一）年から再び大阪北教会に転任、最後に伊賀上野の日本基督教会で伝道、一九一四（大正三）年に引退した。引退後は東京に移り、内村の集会にもたびたび出席して話を担当することもあった。内村が毎月『聖書之研究』に掲げていた日記には、次のような吉岡に対する敬愛の情のこめられた記述がみられる。

一九一八（大正七）年一一月一七日（日）

始に吉岡弘毅老人約翰《ヨハネ》伝九章に依り氏の信仰的実験に就て証明する所あり、深き感動を聴衆に与へた。

一九二一（大正一〇）年一一月六日（日）

高壇を降り来れば吉岡老牧師満腔の同感を以て余を迎へて呉れて嬉しかつた。

一九二二（大正一一）年四月二日（日）

牧師吉岡弘毅君等ありて、其威厳ある白髪に対し、我等一同篤き尊敬を表せざるを得なかつた。

吉岡は、内村が日本人牧師のなかではもっとも敬愛した人物であったが、その後、千葉、葉山と居を移し、一九三七（昭和一二）年に世を去った。

4 三村会

キリスト教界の四村として植村正久、松村介石、田村直臣、内村鑑三の四人を挙げる人もあるだろうが、植村と他の三人との間には一線が引かれているように思われる。そのわけは、その間に、キリスト教思想の違いだけでなく人柄も反映していたのではなかろうか。植村が「正統」を自任していたとするならば、他は、いろいろな意味で「異端」であった。松村は道会という独自な結社を設け、田村は「日本の花嫁」事件で日本基督教会を除名され、内村は言うまでもなく無教会を唱道していた。しかも、植村を除く三者は、晩年には三村会を設けて、たがいに交流を重ねていた。

松村介石は一八五九（安政六）年、播磨の明石に生まれる。横浜のバラ学校に学び、岡山の高梁教会に牧師として赴任中の一八八四（明治一七）年に大迫害を経験、辞任後、キリスト教関係の新聞記者、山形英学校、北越学館の教師などを経て、一九〇七（明治四〇）年に道会を組織、「信神、修徳、愛隣、永生」の四綱領を掲げる独自のキリスト教を提唱した。

田村直臣は一八五八（安政五）年、大坂に生まれる。東京の築地大学校に学び、一八七九（明治一二）年、銀座教会の牧師に就く。一八九四（明治二七）年、「日本の花嫁」事件で教職を剝奪される。同年、巣鴨に教会および育英施設自営館を移転。日曜学校教育および「子供の権利」の普及に尽力。田村は一九〇一（明治三四）年夏、内村が開いた第二回夏期講談会に講師として参加、会期中の第八日の午後には、参加者は巣鴨の自営館を訪問している。

その田村の提案にもとづき、内村と松村介石を加えた三村会が開かれることになった。田村は記している。

私は内村、松村、田村の三村会を主張した。始めの内は松村君と僕とは信仰はまるで違ふ。其違つたものが会合をするのはいやだと云ふて私の主張には中々同意を表さなかつた。併し「信仰いかんに依つて友誼を破るは道理でない、信仰は自由でないか」と、云ふと遂に君は私の説に點頭《うなず》き、三村会を開き共に語り、共に笑ひ、共に食ひ、一日の歓を尽すに至つた。この事を見ても君は信仰上決して心の狭い人でないことがわかる。（田村直臣『我が見たる植村正久と内村鑑三』向山堂書房、一九三二）

こうして三村会の第一回会合は、一九一九（大正八）年三月一七日に内村が田村とともに中渋谷に松村を訪ねて開かれた。内村は、日記に次のように記している。

此会合に於て第一の喋《しやべ》り役《やく》は田村君であつて松村君之に次ぎ、余は主として聴者の地位に居つた、我等相知つて茲に三十五年、取りし途は異なりしと雖も心の底は同じである、各自の最善を尽して斯国斯民の為に尽さんとする点に於て一致して居る（全三三）

第二回会合は同年一二月三日に内村の家で開催された。

田村君は欧米漫遊より帰つたばかり、故に土産話《みやげばなし》は尽ず、不相変君が第一の喋《しやべ》り役であつた、松村君又大に語り余は主として聞き役であつた、余りに声が高いので近所の者は家に酒盛《さかもり》が始つたかと思ふたさうである、然し三人共に正気を失つたのではない、新旧の話が余りに面白いので酔ふたやうに聞えたのである、十一時半に始まり四時まで続いた（同前）

続いて第三回会合は翌年三月二五日に巣鴨の田村宅で開催された。

不相変笑声の多い会合であつた、松村君は二重人格研究に就て其実験を語り、田村君はすべての問題を児童研究に引込まんとして松村君に保留を申込まれ、余は素人天文学の宏益に就て大に述ぶる所があつた、談話は終に田村君の政界並に教界の穴探しに及んで局を結んだ、余は基督教界の一致団合案を提出したが望むべくして実際に行ふべからざる者として否決された、神と来世を信ぜざる国民は亡ぶとの松村君の高調に余は言ひ難き満足を感じた、君が決して基督教を棄てたのではない事がハッキリと解つた。（同前）

その後、三村会の開催された記事は「日記」には見当たらないが、七年後の一九二六（大正一五）年一〇月一六日、内村の隣家のホーリネス教会の中田重治が訪ねてきて「基督界の四村」を詠み込んだ次の歌を披露した。

植替は過ぎて田は苅りおさめられ
　松はみどりに内は有福

内村の説明によると「植村君逝き、田村君は日本基督教会に帰復し、松村君は道会に栄え、内村は有福に暮らす、之で基督教界は平穏無事である。但し内村の有福といふ意味不明である」となっている。

内村は刺激を受けて次の歌を詠んでいる。

植さりし田面《おも》に秋の風吹きて

みどりは深かし内の松が枝

なお、三人の没年は、内村が一九三〇（昭和五）年と早く、田村が一九三四（昭和九）年、松村が一九三九（昭和一四）年であった。

この歌からもわかるように、当時の日本のキリスト教界の主流は植村正久であった。植村からみれば他の三村はいずれも「異端」に映じていたのではなかろうか。

二　バプテスマ（洗礼）をほどこしたか

キリスト教のカトリックにおいては、教会において行なわれる洗礼、堅信、赦免、聖体、悔悛、終油、品級、婚姻（今日は別の表記もある）の七つの儀礼を特別に秘蹟と定め守ってきた。それが宗教改革後のプロテスタントにおいては、洗礼と聖餐の二つになった。ただし執行者は神父や牧師に限定されたため、内村らにより創立された札幌独立教会および内村自身の聖書集会においては、その執行者の資格や儀礼の効力が問われた。

1　洗礼晩餐廃止論

内村自身は、札幌農学校時代の一八七八（明治一一）年六月二日、札幌においてメソヂスト教会宣教師ハリス（Harris, Merriman C.）から旧友たちとともに洗礼（バプテスマ）を受けている。内村は、この出来事を、新たな魂の誕生日として、肉体の誕生日よりも祝うべき日とみている。ただ、このことを記した『余はいかにしてキリスト信徒となりしか』（*How I Became a Christian*）

のなかで、アマスト大学時代に、キリストによる罪の赦しと新生を体験、感動のあまり「聖なる洗礼を受けずにはいられない」気持ちにつき動かされ、夕立のなかにとびこみ「天水」を浴びている。そこには牧師はいない。

内村自身たちが設けた札幌独立教会では、当初、札幌農学校の卒業生大島正健が伝道の責任を負っていた。ところが、一八八七（明治二〇）年、その大島による洗礼と晩餐という二大儀礼の執行をめぐり、外部から非難攻撃を浴びる事態が生じた。一般教会においては、それらの儀礼は、教師として按手礼を受けた者のみが執行できる儀礼とされていたからである。この結果、翌年一月、大島は上京して一番町の一致教会において、植村正久、小崎弘道ら在京の諸派教師の立ち会いのもとで、とりあえず日本組合教会教師として認められる按手礼を受けた。

しかし、一九〇〇（明治三三）年に至り、札幌独立教会は、そのような按手礼を受けていない田島進（内村の推薦、この時かどうか不明だが、田島の子息の信之から直接聞いた話によると、内村が田島家を訪ねて帰る際、靴をはこうとして手を入り口の戸の上にかけたところ、汚れてしまった。内村の背が高くて触らないと思って掃除をしてなかったという）を牧師として選定、翌年には、洗礼と晩餐の二大儀礼も廃止に及んだ。田島は、この問題につき意見を問うために翌年一月、会員有島武郎を内村のもとに派遣した。

これに対し、内村は「洗礼晩餐廃止論」を『聖書之研究』六号（一九〇一年二月）に発表、それを軽視するものではないが救霊上必ずしも不可欠ではないとした。

札幌独立教会の会員であった有島武郎は、同誌に「札幌独立教会」を寄稿、特に「札幌独立教会（二）」においては、大島がかつて妥協して、典礼を執行する資格を与えられるために上京したことを反省、それは「パンを得んとして石を得た行為」であると述べた。

2 授洗

この結果、内村自身は、仕事を聖書研究会と雑誌『聖書之研究』の刊行に専念するようになっても、みずからバプテスマをほどこすことは無かった。

それが、一九一二（大正元）年夏になり、娘ルツが発病、原因の判らぬままに悪化、翌年早々には医師から死の宣告を受けるに至った。一月一一日、内村は病床の彼女に聖餐式を行なった。杯を飲み干したルツは歓喜に充ち「感謝、感謝」の言葉をくりかえした。おそらく内村は、これにより聖餐という儀礼につき再認識をしたのではないか。内村は、これを自己の行なった最初のバプテスマとしている。

内村が一九〇〇（明治三三）年ころから自宅で開催していた聖書研究会は、当初会場の都合で会員を限定していたが、受洗の有無は一切問題でなかった。当然、内村自身が洗礼を授けることもなかった。

一九二一（大正一〇）年五月二五日、聖書会員の塚本虎二と齋藤園子の結婚式の司式を行ない、疲れたようで翌二六日は床に就き休み、同日の日記には次のように述べている。

余に不似合ひの者とて儀式の如きはない、一度儀式を司るは三度講演するよりも疲れる、余は生れながらにして儀式の人ではない、然るに余の友人たちは此事を知らない、彼等は余は道を説くが故に儀式をも司るべきであると思ひ、屢々余を駆て儀式を司らしむ、然れども祭司と預言者とは自《おのづ》から別人である、而して余はどちらかと云へば預言者階級に属する者である（其いと小なる者であるは言ふまでもないが）、若しエレミヤに式を司らしめたならば彼は多くのブマを演じたに相違ない、祈求《ねが》ふ神が余の仲間の内に生れながらの祭司を起し給ひて余をして爾後此責任より免かれしめ給はんことを、祭司は預言だけ其れだけ貴き職務である、然れども預言者をして祭司の任に当らしむるは祭事に対しては不実である、而して又預言者に対しては無慈悲である、余の友人中に余をしてバプテスマの式までを司らしめんとする計画あるを聞く今日、余は彼等に向ひて此注意を促し置くの必要あるを感ずる。（全三三）

翌一九二二（大正一一）年二月五日（日）午後、古賀達朗夫妻の「切なる乞ひ」により、その自宅に出向きバプテスマを行なっている。内村によれば自身による授洗は、第一回が娘ルツ、第二回が諏訪熊太郎、第三回が神田もうどに対して行なったから、これで四回目という。

内村の日記によれば、七人目がアメリカに留学する三谷民子に対して一九二三年六月二四日に行ない、以後散発的に一九二六年に一〇人、翌年四月に六人、一九二八年三月に五人、五月に一〇人、六月に一一人、九月に七人にバプテスマを施している。東海大学の学長を務めたことのある浜田成徳は、内村の妻かずの妹美代の子にあたる。浜田の「内村鑑三から受洗した私」（『キリスト新聞』一九八四年九月一五日）には、その想い出が次のように記されている。

鑑三さんが洗礼をさずけるというのは前代未聞の珍しいことでね。僕以外十人、洗礼を受けましたね。僕の場合は、祐之（鑑三の長男）の母で鑑三さんの妻しづさんが、僕を可愛がってくれて、おじさん（鑑三）が、こう言っているわよ、と勧誘に来たんですね。僕は余り熱心ではなかったが、受けることにしたんです。


この記事によると内村の記録する「五月に一〇人」の一人になり、そのなかには、浜田のように受洗の動機はさまざまだったようである。

同年には記録にはないが、留学を終えて朝鮮に帰る咸錫憲にも授けている。

以上記録されている人数だけでも数十人の会員たちにバプテスマを施している。当然、一般教会側からは批判や非難が昂じたであろう。

内村にとってバプテスマは、当初の「洗礼晩餐廃止論」で語ったように、それなりの意義は認めるも、信仰に不可欠なものとはしていなかったのではないか。

一三　他教徒との交流はあったか

内村の無教会キリスト教は、日本の宗教界からみれば宗教改革のひとつのモデルでもあったのではなかろうか。仏教では、まず『代表的日本人』で日蓮をとりあげ、その後、真宗では、清沢満之の起こした『精神界』運動、天理教では、茨木基敬による「天啓事件」への影響が認められる。

1　日　蓮

内村家先祖代々の宗教は、高野山真言宗であった。寺院は高崎にある同宗の高野山光明寺である。筆者が初めて同寺を訪ねたころには、先代住職の妻も健在で墓地を案内されるとともに、内村は、毎年夏の軽井沢への往復の途次、何度も墓参に訪れたと聞いた。また、現存する五基の墓石は、いずれも内村により建立されたものである。

ただし内村は、日本の真言宗の開祖である空海に特別の関心を示した気配はない。周知のように若き頃は『代表的日本人』に収めた日蓮が、宗教改革者のいわばモデルであった。日蓮の執筆のためには、京都の教会で牧師をつとめていた吉岡弘毅の協力があったという。執筆後も日蓮への関心はやまず、一九〇八（明治四一）年冬には、グンデルトと連れだって日蓮出生の地である千葉県小湊、修行した清澄の寺にも足を伸ばしている。内村は、まさに日本におけるキリスト教の日蓮を目指していたといっても過言でない。

2 『精神界』グループ

他方、明治維新の廃仏毀釈運動の結果、江戸時代までは檀家制度により「イエ」の宗教として安定化していた仏教は大打撃を受けた。しかし、長年の間に「イエ」と固く結びついた絆は強く、仏教はその地位を明け渡すまでには至らなかった。しかし、そのような旧体制の保持だけでは未来はない。一方では開化の風潮にのって都市部ではキリスト教も進出していた。

とりわけ浄土宗および真宗においては危機意識が強かった。心ある教徒のなかに革新派が生じても不思議でなかった。その代表が、真宗大谷派の清沢満之であった。清沢は一九〇〇（明治三三）年、東京に浩々洞を開くとともに翌年には雑誌『精神界』を創刊した。時期的にも内村鑑三が雑誌『聖書之研究』を創刊（一九〇〇）し、翌年、角筈聖書研究会を開いた時期と符合する。内村の影響は明らかである。はたして清沢の門下の暁烏敏、多田鼎、佐々木月樵は、一九〇〇年、角筈に内村を訪ねて「約四ケ年に亘って懇篤なる教化に対して感謝の御礼を申上げた」という（暁烏敏「内村鑑三先生」、『中外日報』一九四七年七月八日）。

なかでも暁烏は、京都の学生時代から、内村の『東京独立雑誌』、『聖書之研究』のみならず、著書『求安録』、『後世への最大遺物』、『地人論』、『警世雑著』、『小憤慨録』、『余は如何にしてクリスト教徒となりしか』（以上暁烏の表記のママ）も「むさぼるようにして読んだ」と記している。また一九二七（昭和二）年、たまたまイタリアのヴェスビオス火山の見物先で内村の長男祐之と出会い、そのことをエルサレムから父の内村に報じた。その手紙のなかで、暁烏は「青年時代に求安録と独立雑誌とによらなかったら私は今こゝに来なかったでせう」とも記している。

3　『安心決定鈔』を読む

本篇は、おもに二〇一六（平成二八）年に『あんじゃり』三一号（二〇一六年六月一日）に寄稿したものである。北海道大学図書館所蔵内村文庫収蔵の『安心決定鈔』には、内村自身による書き込みがみられるので、それを用いた論考が骨子となっている。

内村鑑三と仏教

内村鑑三は近代日本の生んだ傑出した思想家であり、無教会キリスト教の唱道者としても知られる人物である。その日本のキリスト教における新運動が、清沢満之の精神主義運動にも少なからぬ影響を与えたことは、雑誌『精神界』の発行に先立ち、清沢門下の三羽烏、暁烏敏、佐々木月樵、多田鼎の内村訪問によっても明らかである。

その内村も『代表的日本人』のもととなった *Japan and the Japanese*（『日本及び日本人』一八九八）を著述していたころは、同書で法然や親鸞による民衆仏教登場にふれているものの、大きな関心は日蓮にあった。「代表的日本人」として描く五人のうち最後に、しかも最大の紙数をさいて描いた人物は日蓮であり、あわせて雑誌『国民之友』でも「日蓮上人を論ず」を連載した（一八九四年九、一〇月）。

法然・親鸞への関心

ところが、内村の一生とその全著作を俯瞰すると、一九一五（大正四）年ころから、法然、親鸞への関心と言及とが急に増え始める。たとえば『聖書之研究』一八〇号（一九一五年七月一〇日）において「我が信仰の友　源信と法然と親鸞」と題した小文を掲げ、こう述べる。

我が信仰の友は惟り独逸のルーテルに限らない、英国のウェスレーに止まらない、米国のムーディーを以て尽きない、我国の源信僧都、法然上人、親鸞上人も亦我が善き信仰の友である。

と記し、法然に関しては「一枚起請文」、親鸞に関しては蓮如の「御文章」の言葉が引用されている。北海道大学に収められている内村の遺した蔵書を見ると、『法然上人全集』(黒田真洞、望月信亨共纂、再版、宗粋社、一九〇八)、蓮如の『御文章』(岡本偉業館、再刊、一九〇八)などが所蔵されているから、これらを参考にしたものだろう。

ついで翌月の同誌一八一号の「米国流の基督教」においては、シカゴのキリスト教大会の演題に「如何にして商売に成功せん乎」とあったと聞き、「米国流の基督教」よりも「余輩は寧ろ法然又は親鸞流の仏教たらんことを欲す」と書いている。同号には本沢清三郎の「『我が信仰の友』を読む」も収められ、本沢は、寺院主義に反対した法然であるから、もしもキリスト者なら無教会主義をとったであろうと述べている。本沢は岡山出身で同郷の法然にひかれた読者であった。同じ八月一〇日、岡山県津山に住む森本慶三あての手紙で内村は「法然房を以て福音的仏教を産出せし作州の地が福音的基督教の根拠の地たらんことを祈り候」と期待している。のちに内村は、津山の森本により設立された基督教図書館の開館式に出席、帰途には近くの誕生寺駅で下車し法然の誕生寺に立ち寄っている。

ついで同年九月の『聖書之研究』一八二号には「我が信仰の祖先」と題して次のように記している。

日本にも大なる信仰家が在つた、法然の如き親鸞の如き正さに其人であつた。彼等が仏教徒であつたのは、彼等の時代に仏教を除いて他に宗教がなかつた故である。

このあとに「本願を信せんには他の善も要にあらず……」との『歎異鈔』の言葉を続けている。では、この時期、なぜ内村は日蓮に代わって法然、親鸞の思想にひかれたのであろうか。内村の人生をかえりみると、この時期に内村には個人的、社会的に二つの大きな出来事があった。個人的には二年前の一九一二（明治四五）年一月、一七歳の娘ルツの死去である。くわしい状況は省略するが、この体験は内村に来世の存在を確証させた。社会的には一九一四年六月に世界大戦が始まり、文明の末路の認識を深めている。内村の思想上「現世離れ」の要件は充分に存在していた。しかし、そうかと言って決して現世逃避ではなかった。小冊子ながら名著『デンマルク国の話』を一九一三年に刊行もして、それは副題にあるように「信仰と樹木とを以て国を救ひし話」であった。

『安心決定鈔』に感動

その内村が、右に紹介した「我が信仰の祖先」のなかで、法然の『撰択集』、親鸞の『歎異鈔』とならんであげている書物が『安心決定鈔』である。著者は最澄という説もあるが、内容にはその後の思想も認められ、現在のところ明らかでない。内村は、本書を一九一五（大正四）年八月一三日、夏休みを過ごすために日光の禅智院に向かう途中の車内で読んだ。やはり北海道大学の内村文庫には一冊の『安心決定鈔』が収められている。それによると本書は寛政三（一七九一）年の宮田喜左衛門の書写本にもとづき石川清龍により明治三〇（一八九七）年に作成されたものである。同じ刊本は極めて少ないが、内容を見ると、たとえば明治二一年に澤田友五郎により刊行された『安心決定鈔　全』と比較してもほぼ同一である。

内村旧蔵本の『安心決定鈔』を見ると最後のページの余白に「A great book of faith. Read with great impression on the evening of Aug.13, 1915, on the way of Nikko. K.U.」との書き入れがみられる。すなわち「偉大なる信仰書」で一九一五（大正四）年八月一三日夕、日光に向かう車中において大いに感動して読了したと記入されている。加えて「頼ませて頼まれ玉ふアミダブツ」とあり、その横に「エペソ書」の文字も記されている。前者は蓮如のものと伝えられる歌の上の句であり、後者は新約聖書のパウロ書簡とされる一書で、特に第二章八節には「汝らは恩恵により、信仰によりて救はれたり、是おのれに由るにあらず、神の賜物なり」を指したのではなかろうか。いわゆる「機法一体」であろう。

このため、同年七月一〇日の「我が信仰の友」ではまだ源信、法然、親鸞の名に止まるのに対して、九月一〇日の「我が信仰の祖先」では『撰択集』、『歎異鈔』とならんで本『安心決定鈔』が加えられている。

『安心決定鈔』への書き込み

内村旧蔵本の『安心決定鈔』は、日光までの車中でおおかた読了されたとみられる。そのときの感想がかなり強かったためだろう。前述した最後のページのほかにも、全体にわたり少なからぬ書き込みや線引きがみられる。その部分のなかから書き込みを中心として幾つかを示すと次の通りである（本文の句読点を整理し、漢字は新字体に改めた）。

まず「仏は衆生にかはりて、願と行とを円満してわれらが往生をすでにした、めたまふなり」の「すでに」に圏点、他は傍線を付している。ここの「仏」のところに内村はキリストをあてて読んだと思われる。

次に「仏の正覚なりしと、われらが往生の成就せしとは同時なり」に傍線、上部空欄に「Rom. IV. 25」と書き込み。すなわち新約聖書ロマ書四章二五節には「主は我らの罪のために付《わた》され、我らの義とせられん為に甦《よみが》へらせられ給へるなり」と記されている。阿弥陀仏の正覚がそのままますべての人の往生と同じであることに、内村はイエスの十字架の出来事がすべての人の救済とみるパウロの思想を見出している。

「仏は正覚なりたまへるか、いまだなりたまはざるかを分別すべし。凡夫の往生をうべきか、うべからざるかを、うたがふべからず」の上欄に「True Faith」と書き込み。人間側の努力、心配の不要をみたものであろう。

ついで「般舟讃」の言葉として書かれた「おほきにすべからく慚愧すべし」の言葉に圏点を付

している。罪の懺悔に対する共感と受け取られ、つづく「慚愧」の二字を四角で囲っている。「弥陀は兆載永劫のあひだ、無善の凡夫にかはりて願行をはけまし」に傍線、つづく釈尊の「八千返」にも傍線を付している。内村は、キリストの十字架を「無善の凡夫にかはりて」とみているから、続く「行は仏体にはげみて、功を無善のわれらにゆづりて」に圏点を付し上欄に「Vicarius sacrifice」との書き込み。この英語の意味はキリストによる身代わりの死を意味する。

「自力の成じがたきことをきくとき他力の易行も信ぜられ、聖道の難行をきくに浄土の修しやすきことも信ぜらる、なり」に傍線を付し上欄に「Law and gospel」と書き込み。すなわち「律法」と「福音」の関係との類似をみている。

「願行は菩薩のところにはげみて、感果はわれらがところに成ず。世間出世の因果のことはりに超異せり」に傍線を付し上欄に「Love's Miracle」の書き込み。続いて仏は「正覚を成じ、凡夫は往生せしなり」および「われらが往生、すでに成ぜりと言ふことを」にも傍線。キリストの十字架の死を受け入れるだけでよいとの思想にもとづき、阿弥陀仏とキリストによる救済に共に「愛の奇蹟」を見出している。右の文につづき「御名をきくも本願より成じてきく。一向に他力なり」の文の上欄に「Through faith: and not by yourself」の書き込み。自力でなく信仰を読み取っている。

「三悪の火坑にしづむべき身なるを、願も行も仏体より成じて機法一体の正覚成じたまひけることのうれしさよとおもふとき」につづく「歓喜のあまり、おどりあがるほどにうれしきなり」

に傍線、上欄に「Acme of joy」すなわち「歓喜の極致」との書き込み。「弥陀大悲のむねのうちに、かの常没の衆生みちみちたるゆへに」に傍線を付し上欄に「Whole humanity in the head of Amida」と直訳にひとしい書きこみ。

阿弥陀仏の「大願」、「無智のわれらがためにかはりて」の一連の記事のページ上欄に「Lamb slain from the foundation of the world」の書き込み。やはり世のいけにえとなった仔羊であるキリストを重ねている。

「修因感化の道理にこへたる別異の弘願なるゆへに、仏の大願業力をもて凡夫の往生はしたため成じたまひけることのかたじけなさよと」と二ページにまたがる文の前後を短い二本の線で区切り、前のページには「Imputation of merits」、後のページには「Remarkable!」とそれぞれ上欄に書き込み。メリット（功業）に対する超越に感嘆している。

「五百の長者の子は臨終に仏名をとなへたりしかども往生せざりしやうに、臨終にこゝにいだすとも帰命の信心おこらざらんものは人天に生ずべしと」とある上欄に「This is common sense. Not namuamidabutzu, but true faith」との書き込み。南無阿弥陀仏と唱えることではなく、信心が肝心であるところに共鳴している。

このようにみてくると、内村はみずからの自伝『余はいかにしてキリスト信徒となりしか』（*How I became a Christian*）でみたアメリカのキリスト教と、その影響下に成立した日本の教派的キリスト教よりも、むしろ法然、親鸞、『安心決定鈔』の仏教に強い共感と真実を見出している。

特に阿弥陀仏の願いと結果にキリストの贖罪とほとんど変わりない内容を読み取っている。同書に記されたいくつかの書き込みから判明するように、パウロのキリスト観と信仰観との同一性である。

内村においては、この『安心決定鈔』との出会いは、三年後の一九一八年に口火を切る再臨運動、さらに六年後の一九二一（大正一〇）年に開始されたロマ書の連続大講演にも影響を与えているようである。

4　天理教徒との交流

『内村鑑三全集』を編んでいたとき、ひときわ異色に感じた手紙があった。それは水野いし宛てのもので、一九〇四（明治三七）から一九一九（大正八）年までの間で四〇通もある。第三九巻に付した「受信人一覧」で筆者（鈴木）は次のように記した。

水野いし（一八四六〜一九一九）羽前に生まれる。内村鑑三の著書に親しんでいた次男愿《すなお》が夭折（一九〇二年、二三歳）し、その後内村と文通を重ねた。天理教信者。茨木九二《くに》はその長女で、茨木基敬は九二の夫。

次男愿は、大蔵省に勤務中、聖書を入手するとともに、内村の『東京独立雑誌』、『聖書之研究』および『万朝報』を愛読、大蔵省勤務にあわせ東京外国語学校にも通学していたが、その没後、息子の遺志をくみ取った母いしとの間に、文通をはじめとする交流が生じる。

内村からみれば水野いしは一五年も年長者であるが、住所は、以前に内村も住んでいた大阪の曾根崎にあった。実は、その住所は天理教の北大教会の住所とも一致する。これより推して、いしは娘の夫で同教会会長茨木基敬《もとよし》（のち本部員）夫妻とともに同教会に同居していたと思われる。しかし、一九一八（大正七）年、茨木基敬が神がかりをして勝手に「おつげ」をする、との嫌疑で天理教本部の役職を罷免され、その子も北大教会会長職を追われた。これを機に茨木一家は府下の生野に移った。

同年三月一〇日、再臨運動最中の内村は大阪の天満教会で講演、翌一一日、法隆寺と天理教本山を訪ねた後、水野いしとも会っている。帰宅後の二四日、基敬方水野いしに宛てた礼状には次の文面が見られる。

宗教家として当然ある可き迫害の御状態にあるを実見仕り大なる感謝を感じ申し候、迫害は真の宗教に伴ふものにしてこそ我等神の寵児たるを覚る次第にて有之候

すなわち、内村は天理教本部から、本部職および北大教会長の職を追放された茨木側に好意的

な同情を寄せているのである。このことを考慮すると、茨木事件の背後には、内村の思想的影響が多少あったのではなかろうか。娘の九二は次のように書いている。「当方に於いては、天啓再来問題につき天理教本部現制の忌諱に触れ身分処分を受け其の跡始末折衝最中の御見舞であります」（益本重雄・藤沢音吉『内村鑑三伝』同刊行会、一九三五）。この記述をみると茨木基敬の罷免の理由は「天啓再来問題」とされ、当時、内村の活動していた再臨問題の影響も考えられる。

以上に紹介した真宗および天理教などの他教のばあいにおいても、内村の宗教改革的な思想または運動に学ぶ動きがあり、それに対して、内村側もそれに理解を示したとみてよいであろう。ただし、仏教への関心は、日蓮から法然、親鸞へと移っていった。

一四　戦争はすべて否定したか

一九〇三（明治三六）年、ロシアとの間に開戦、非開戦をめぐって議論が生じ、帝国大学の七人の学者が開戦を唱え、やがて、内村の勤める朝報社も開戦論に転じると、『万朝報』の記者であった内村は、敢然、非戦論を唱えて同社を退社した。

1　日清戦争

アジアの諸国のなかにあって、日本はいち早く世界に向かって独立を宣言した国家であった。そのせいか、他のアジア諸国に対しては、弱小国視する傾向が強かった。

本書でもとりあげた吉岡弘毅は、若くして外交官として朝鮮に派遣されていたとき、日本国家の中枢部に高まる征韓論に対し、朝鮮の人たちが不遜にみえるのは、決して反抗心から出たものではなく、逆に日本に対しておびえているからであるとし、征韓論に反対する提言をした。

しかし、そのような朝鮮の人々に対する政府の威圧的な姿勢は、隣の大国清国も示していた。

そのことが判ると、日本には脅威の発信もとである清国をたたこうとする見方が台頭、一八九四（明治二七）年六月、清国による朝鮮出兵があるや、日本も朝鮮に出兵、朝鮮王宮を占拠するとともに同年八月には清国に対し宣戦布告。これに呼応するかたちで内村は、「日清戦争の義」を、はじめは英文で *The Japan Weekly Mail* に、つづいて日本文で『国民之友』に掲げた。本戦争に関しては、クエーカー教徒のなかの日本人信徒さえも賛成したほどであるから、他の諸教派については言うまでもなかった。

2　日露戦争

前述したような内村の戦争観は、一八九九（明治三二）年ころまで変わりなかった。たとえば、アフリカの小国トランスバールに対しては、次のような声援を表明している。

> 僅々八万の人口を有するトランスバール、地球の陸面六分の一を有する大英国と兵を交ふ、而して世の才子論客は謂ふ是れ無謀の挙なり、杜国の運命旦夕に迫れりと、然れども杜人は宇宙の主宰なる神に頼りて起ちし者、成敗如何の如きは彼等の少しも意に介せざる所なるべし（全七「興敗録」）

萬朝報

趣味と實益の無盡藏

永世無休暇

板垣伯の新政黨

戰爭廢止論　内村鑑三

余は日露非開戰論者である許りでない、戰爭絶對的廢止論者である、戰爭は人を殺すことである、爾うして人を殺すことは大罪惡である、爾うして大罪惡を犯して個人も國家も永久に利益を收め得やう筈はない。

『万朝報』1903年6月30日に
掲載された「戦争廃止論」

しかし、一九〇三（明治三六）年、今度はロシアとの間で開戦、非開戦の論の生じるなかで、いわゆる東京大学の学者たちによる「七博士」らの建言をはじめ開戦論が高まり始めた。その結果、記者として内村の在籍する朝報社も、開戦論に転じた。それにより、内村は「戦争廃止論」を同紙に掲げ、絶対非戦論を表明して同社を退社した。理由は、その冒頭の次の言葉に尽きる。

余は日露非開戦論者である許《ばか》りでない、戦争絶対的廃止論者である、戦争は人を殺すことである、爾《さ》うして人を殺すことは大罪悪である、爾うして大罪悪を犯して個人も国家も永久に利益を収め得やう筈はない。（全一一）

しかし、戦争が実際に始まると、その門下の青年たちのなかから召集される者たちがあいつぎ、戦死者まで生じて苦悩した。戦中に内村の書いた「非戦主義者の戦死」は、そのような青年たちに向けて内村の言いうる精一杯のはなむけの言葉であったであろう。

非戦論者が最も善き戦士を作るとは大なる逆説のやうには聞ゆれども然しながら是は否認し難き著明な事実である、彼等は基督的紳士《クリスチャンゼントルメン》として戦場に殪れて戦争全廃のために闢《ひろ》き道を開いた、世に非戦主義が実行せらる、暁に至て、其栄光を担ふ者は余輩の如く家に在て筆を揮ふて非戦論を唱ふる者ではなくして戦場に出て生血を濺《そそ》いで戦争の犠牲と成りし是等の非戦主義者である、願くは永久の光栄彼等の上にあれ。（全一二）

のちに内村鑑三は、一九三〇（昭和五）年、いわゆる満州事変を一年前にして世を去った。

3　矢部喜好への影響

日露戦争において会津の青年矢部喜好（一八八四―一九三五）は召集不応の罪に問われ、福島県の若松監獄に投獄された。日本で最初の「良心的兵役拒否者」とされる。その所属した教派である末世の福音教会の影響もあるが、内村の影響のあったことは後年の次の回想からも判明する（鈴木範久編『最初の良心的兵役拒否』教文館、一九九六）。

内村鑑三氏が日露戦争の直後に日本は戦争によつて二十億の金と二十万の人命とを失つた

が、もし二十万人が一万円づヽの金を以て命がけで満州に出かけたら、満蒙が経済的に日本の勢力範囲に入るものだと云ったのを記憶してゐる。(『神の国新聞』六七三、一九三一年一一月二五日)

この内村の言葉は、おそらく、次の二つの文章に基づくものであろう。

満州問題を解決せんとするに当《あた》つて我等の先《ま》づ第一に決定《さだ》め置くべき問題は「如何《どう》するのが満州並《ならび》に満州人のために最も利益である乎」是れである(全一一「満州問題解決の精神」、原文総ルビ)

二十億の富を消費し、二十五万の生命を傷けて、獲し所は僅かに国威宣揚であります(全一三「日露戦争より余が受けし利益」)

数値に少し相違はあるが、後年の記憶が物語るように、内村の非戦論が矢部に与えた影響のひとつの証左である。

4　世界大戦

一九一四（大正三）年七月、ヨーロッパにおいて世界大戦が始まった。それも「地には平和」を説いたキリストを奉じるキリスト教国間の戦争であった。内村は「戦乱と希望」と題して言う。

世の終末《をはり》は来りつゝある、其時は近寄《ちかよ》りつゝある、預言の言辞《ことば》は成就《じやうじゆ》されつつある、民は民と戦ひ、国は国と争ひ、各処に大なる震動、飢饉、疫病起り、且つ恐るべき事と大なる休徴《しるし》天より現はるべしと（路加伝廿一章十節十一節）実に怖《おそ》ろしくある、然れども信者に取りては戦争と戦争の風声《うはさ》とは希望の休徴《しるし》である、是れ王の降臨を報ずる喇叭《らつぱ》の音響《ひゞき》である、故に彼は怖れないのである（全二一）

それにもかかわらず、内村はアメリカに対してはわずかな希望を遺していた。ところが一九一七（大正六）年四月、アメリカの参戦を知るや、その希望は微塵に打ち砕かれた。ありとある人為のわざに絶望した内村は、一九一九年一月より中田重治、木村清松とともに再臨運動を開始するに至った。それは、人為のわざに絶望した人間に遺された最後の希望であった。

再臨運動は、いっときは「角筈の隠者」とも称された内村には画期的は大運動であった。内村が、一九一八年の一年間に、実に五八回にも達する講演を行なっていたことは、実に驚くべき数であった。すなわち、戦争による平和の回復の期待の尽き果てるところ、キリストの再臨という希望を求めた運動であった。その意味では逆説的だが、再臨運動においては、世界大戦は最後の人為のあがきとして否定されていない。

しかし、それも最終的には中田らとの協同運動とも袂をわかち、秘めた宇宙回復の祈りへと収斂されていった。

一五　人生相談には応じたか

日本では神社神道も仏教も宗教の儀礼行事はつとめるが、信徒の人生相談に応じる宗教者は少ない。これに比してキリスト教の牧師は、日曜以外にも信徒の個人的相談に時間を設けることが多い。内村も同じで、ここでは志賀直哉、矢内原忠雄のケースを代表としてとりあげた。

1　志賀直哉の結婚相談

内村鑑三に関する回想談、追憶記は無数に近くあるが、そのなかで何度読んで飽きない文章は志賀直哉による「内村鑑三先生の憶ひ出」である。一九四一（昭和一六）年三月、『婦人公論』の「我が師我が友」欄に発表された。

それによると、志賀直哉は、一九〇一（明治三四）年、角筈で開催された内村鑑三の夏期講談会に書生の末永馨に誘われて出席する。年齢にして一八歳、中学五年であった。以後、内村が自宅で開いていた聖書研究会に、一九〇八年まで出席する。内村の聖書研究会と言っても、まだ二十数名の出席者を数えるのみの時代であった。
この間の一九〇七年、志賀は、家で働いていた女性との間に関係ができたことで内村に相談した。内村は、だれもが認めない夫婦関係を、一応は罪と言ったものの、志賀から、それなら無人島にいる二人は永久に結婚できないのではないかとの反撃にあった。それを聞いた内村の対応は志賀の文章を借りよう。

先生は腰かけたまま机の横桟に足を突張つて、椅子ごと仰向けになられ「困つたなあ」と大きな歯を露《あら》はし、笑ひながら、嘆息をされた。私は七年間に此時程先生を親しく身近かに感じた事はなかつた。先生は「ピュワ・リーゾンとしてはそんな事も云へるかも知れないが、プラクティカル・リーゾンとしてはそれでは困る。仮りに僕がそんな事を認めたとすればどうなると思ふか」と云はれた。私にはそれは分らなかつた。黙つてゐると、先生はしんみりした調子になつて、「僕にもさういふ経験はある。その時は死を想つたことさへある」といはれた。

私には、この文章に描かれている内村の「困ったなあ」という言葉がすばらしい。ただ一途な若者の質問にひるんだだけではない。そこには内村自身の苦い青年時代の悔恨がこめられていた（六〇頁の「ハリス夫妻」参照）。このとき志賀は二四歳、内村に想起させた過去の苦い出来事「さういふ経験」もほぼ同じ年頃にあたる。

2　矢内原忠雄の父の霊魂に関する相談

一九一〇（明治四三）年、第一高等学校に入学した矢内原忠雄は、二年生になったとき、内村の聖書研究会に入会、柏会に所属した。入会早々、内村の娘ルツの死があり、その葬儀における「今日の式を私供は葬式と見做さないのであります、今日の此式は是れルツ子の結婚式であります」との挨拶に衝撃を覚える。

その後、まもなく、矢内原は自分自身の父の死を経験。矢内原は、キリスト教を知ることなく世を去った父の霊魂の行方が気になり、決心して初めてひとりで内村を訪ねた。矢内原には、内村の娘の葬式における発言から、死後のことはすべて判っている先生との期待があった。しかし、矢内原の疑問を聞いた内村は、次のように答えた。

そは何ともわからず、キリストの福音を認めずして死せしものの救については聖書にも何等のオーソリチーなし。予も亦何とも云ふ能はず、予は予の女の救に就て今もなほ心配するなり。たゞこれだけは確かなり神はすべての人に最善を以て対し給ふ。世間には父が救はれぬとならば子もまた共に地獄に落つるもよし父と共に、と願ふものあれどそは謬なり。肉の

第一高等学校時代の矢内原忠雄

父も子も均しく神の子にして此関係にては全く同等なり。君は君として神に対してなすべきの責任あるなり。況んや君の今後の生涯に於ける善事は神は必ず見のがし給はず。延いて君の父に幸するならん。又父のよき事は神は決して見のがし給はず、あしき事は多く忘れて下さる。まあ今の感情するどき時に急がずしてもつと落ちつきて日を送り更に君自身一層よく聖書を解し一層信仰すゝみゆく間に、自然にうるはしき考が浮びて、その問題も自然にとけるならん云々。（『矢内原忠雄全集』二八、岩波書店、一九六五）

ここでも内村は、無信徒のまま世を去った矢内原の父の霊魂に関する質問に対して、あいまいな答えしか与えていない。志賀直哉と同じく「困ったなあ」と言ってよい。

しかし、矢内原は、のちに同じ出来事を記した後に、信仰上の難問は「神」も「先生」も安易には教えてくれないとして、次のように述べている。

それには時が必要なのだ。今すぐにといっても、なかなか教えて下さらない。それは、こちらに解るだけの準備がないからです。解る時が来れば、解らしてくれる。これが信仰ですね。それまで忍耐して、自分の信仰の道を歩かねばならない、という事なのです。内村鑑三先生は私に沢山の事を教えてくれたけれども、「自分にも分らない」といって下さったのが、最大の教訓でね。（矢内原忠雄『銀杏のおちば』東京大学出版会、一九五三）

3　内村祐之の信仰問題

内村鑑三にとって祐之は唯一人の男の子であった。日本人一般の常識なら、父の跡を継いでキリスト教の信仰者となり、しかも数千人の信徒をかかえる無教会キリスト教の二代目の後継者を期待されたであろう。

しかし父内村は、祐之の子供時代、家庭内におけるキリスト教の行事への参加と、日曜日の娯楽の禁止のほかは信仰上の強制をしなかった。

第一高等学校に入り野球部の投手となっても「禁酒禁煙とノー・サンデーゲーム」のほかは条件をつけなかった。やがて祐之は、対三高戦をはじめ、早稲田や慶應にも勝利を収めるなど、名投手として評判になった。かつて不敬事件により一高を追われた内村であったが、今や息子が、その一高野球部の名投手として名をあげている。このことを当時のマスコミは「逆転」として書き立てた（前掲『鑑三・野球・精神医学』。以下同書による）。

ただし東京大学の医学部に進学すると、同大学に野球部が創設されたにもかかわらず参加しなかった。内村は「魂の医師の次に、心の医師が内村家に出ることはよいことだ」と歓迎した。卒業後、札幌農学校の後身である北海道大学に赴任すると、これも内村は母校への就職として歓迎した。

祐之自身は信仰生活に対する父の態度については、こう記している。

私は鑑三から、かつて一回も信仰不足をたしなめられたこともなく、また自分の事業を継げと強制されたこともなかった。

内村は、たとえ息子であっても、信仰は強制できない領域と考えていたのでないか、と祐之は言う。

しかし、一方で内村は、やはり祐之の信仰の問題と心の問題を、内心では気にかけていた。これは、石原兵永から筆者が直接聞いた話だが、晩年の内村が石原に対して「祐之の信仰のことを頼む」と遺言みたいに告げたという。祐之が一人前の医学部教授になっていた時期である。父親としての内村の本音がのぞいている。

ここでとりあげた話は、きわめて数少ない身近な例である。『聖書之研究』に公開された日記を見ると、一九一八（大正七）年九月の日曜日以外だけでも、九月六日「此の日、五六人の来客あり」、九月九日「多くの来客に接した」、九月二三日「此日多くの訪問者があつた」というように訪問客の記事が多い。一般の教会の牧師も同様であるが、内村もこの間を縫うようにして日曜日の講義の準備、雑誌『聖書之研究』の原稿執筆などの仕事をこなしているのである。

一六　なぜ学校を創立しなかったか

内村は、帰国後に最初に赴任した新潟の北越学館をはじめ、ついで第一高等中学校も、校長をつとめた女子独立学校も、いずれも学校騒動の当事者として結果的に辞職に追い込まれている。その後、学校教育を志すことはなかったのであろうか。

1　教育熱の「冷却」

日本におけるキリスト教にもとづく教育機関は、そのほとんどが外国のミッションにより設立されたものである。新島襄により設立された同志社でさえも、資金、人材ともにアメリカン・ボードの大きな支援なしには実現されなかったであろう。

内村が、アメリカから帰国早々赴任した北越学館は、当初は土地の有志により設けられた学校として乗り込んだが、結局、アメリカン・ボードの宣教師たちが実質的な支配権を握っていた。それに土地の政治的な争いもからみ、わずか半年ももたずに辞職した。

これに加えて第一高等中学校における「不敬事件」は、内村の教育熱を冷ましてしまった。内村は言う。

余の教育熱なるものは第一高等学校の倫理室に於て冷却して了《しま》つた、余は其時に日本の教育なるもの丶何んである乎を悟つた、是れ名は人物養成ではあるが実は役人又は職人養成である事を覚つた、永遠に渉《わた》る真理を究めんと欲するのが学生の希願でもなければ、之を彼等の脳裡に吹入《すゐにふ》して彼等を真個のゼントルメンに仕立てんとするのが教師の目的でもない、勅語に向て低頭しないとて余を責めた人は酒も飲むし、芸妓も揚げるし、酒に酔ふた時には馬族同然の言語を発する人達であつた、余は到底是等の人達と教育を談ずることは出来ないと思ふた、彼等はペスタロジを口にするがペスタロジの心を有《も》つた人ではない、余が米国に於てケルリン、シーリー等の諸先生より学び受けた教育なるものは今の文部省の諸聖賢の唱へらる丶ものとは全く別物である。（全九「余の従事しつ丶ある社会改良事業」、原文総ルビ）

内村はつづいて起こった文部省役人と教科書会社間の贈収賄事件に関連し「文部省が不用となりし理由」（全一一）も発表した。

内村は、北越学館および第一高等中学校における事件を通じて、学校騒動屋の印象を日本のキリスト教教育界はもとより一般教育界にまで与えてしまった。

2　女子独立学校長に就く

一八九九（明治三二）年、北越学館に内村を招いた加藤勝弥の母加藤俊子より、東京に創立された女子独立学校校長の職を託された。同校は、当時、内村が刊行していた雑誌『東京独立雑誌』に掲載された広告によると、「自給独立の精神を具へたる平民的女子の養成を以て目的とす」と定め、「教育の方針」として「重きを手芸教育に置き、其の余暇を以て生徒適応の智育を授く」をうたっていた。

今日の目からみると、働きながら学ぶ女性の学校であり、当時としては甚だ稀有な教育機関であった。そのためか、社会からは広く理解されるところとならず、内村の就任当時、生徒は五〇名募集しながら定員割れしていたとみられる。

そのような学校でありながら、校長に就いた内村は、教頭として東京高等師範学校講師佐伯好郎を招いていた。ところが、ほどなく校長内村と教頭佐伯との間に烈しい対立が生じ、内村は校長を辞せざるをえなくなる。対立もしくは衝突の真因は、いまだ不明というほかない。

その後、一九〇〇（明治三三）年夏には、内村は前々から準備していた『東京独立雑誌』の読者会、すなわち第一回夏期講談会を女子独立学校で開催、翌一九〇一年には、第二回夏期講談会を、女子独立学校から名称を変更した角筈女学校で開催している。その翌年の夏も、さらに第三回夏期講談会を、これまた名称を変えた精華女学校で開催している。このように女子独立学校の方も次々と名称を変更していることは、その後も、経営または運営が難航していたことの表れであろう。

最後の精華女学校は、筆者の青年時代まで同地に存在し、同校で開催された神学者ブルンナーによるペスタロッチの連続講義を学生時代に聴講した経験がある。記憶では新宿駅西口近くの煉瓦造りの美しい校舎であった。その後、西口は大変化し、今では高層ビルが林立している地域と化した。

3　学校設立計画

右に述べたように、内村は、北越学館および女子独立学校という、みずから責任をもってのぞんだ学校の運営を二度とも失敗した。それなら学校の設立などという計画はまったく念頭から消えたかというと、そうでもなかった。

一九一〇（明治四三）年に、次のような「教育方針」にもとづく学校の設立を計画している。

教育方針

○　何者よりも宇宙万物の造主にして人類の父なる神と其遣はし給ひし主イエスキリストを

愛さしむることを努むる事。

○国民義務教育を卒《お》へてより年令二十歳に至るまでに高等普通教育を授け、其期に至りて神と自己とに頼り、独立の生涯に入るを得るの力量を養成するを努むる事。

○活動の区域を全世界に於て求めしめんために、英語、独逸語等世界的言語の訓練に主力を注ぐ事。

○同時に科学研鑽、常識修養の基礎を作らんために数学の研究に重きを置く事。

○成るべく円満に且つ厳正に情性を発達せしめんために、生徒をして職員と共に家庭的生涯を送らしめ、外なる誘惑を避け、内なる徳性の発達を援《たす》くるやう努むる事。

○政府顕官より何の保護をも乞はず、又何の特権をも請求せず、唯日本憲法が賦与する権利に依り、其の賦課する義務を守り、以て自己独立の市民を養成することを期す。

○予科を三年とし、其間に主として外国語と数学を授け、本科を四年とし、其間に成るべく外国語を以て高等普通学を授くべし。

○第一期募集生を二十五名と定め、之を奇[寄]宿舎に収容すべし。

○学費は予科に於て一ヶ年百二十円、本科に於て百八十円あらば足るべし、但し被服料書籍代は別たるべし。

付記

○　若し開校一ケ年の後に於て第二期生徒募集の成案立たざる場合に於ては第一期生の薫陶を以て事業を継続すべし、斯くして七年間に僅かに唯の一級を卒業せしめ得るも満足すべし。

○　余は余の一人の男子にして本年十三歳になる者を第一期生に加へ、以て聊《いささ》か余の責任を明かにし、余の決心のある所を示すべし。

一九一〇、七月　　内村鑑三

この内村による「学校の設立の計画」は、旧『内村鑑三全集』に掲載されていたというだけで、それを転載した新『内村鑑三全集』でも、それ以上明らかにされていない。

しかし、その計画の背景として三つの理由が考えられる。

第一は、「付記」にみられるように、長男祐之が中学校への入学期を迎えていて、その進学先として学校の新設を構想していたことである。普通なら府立第一中学校になるところであるが、学校の新設を計画。しかし、その実現には至らず、内村は祐之の進学先として独逸協会学校中学校を選び、翌年には同校に進学させている。これは、右に記されているように、内村が英語とともにドイツ語の学習を重視したためもある（内村祐之『鑑三・野球・精神医学』日本経済新聞社、一九七三）。

第二は、この年の一〇月一五日、長野県穂高に出かけ、井口喜源治の開いた研成義塾満十二年感謝記念会に出席して演説している。それにより右のような教育機関設立の思いに至ったのではないか。

第三は、隣の建物に居住していたドイツ人グンデルトが伝道を志し、同年六月に新潟県村松に去ったため、その建物が空いたこと。

右のような理由で、学校設立の思いに至ったのではなかろうか。学校と言っても、その規模からわかるように、やや大きな私塾程度であった。

だが、結局、その学校は実現せず、かわってグンデルトの去った建物を利用してルーテル館と名付け、約五〇人は収容できる施設として、同年九月から、まず「ルーテル伝講話」を始めた。

なお、札幌農学校時代の友人渡瀬寅次郎が晩年に計画した農業教育機関興農学園を、渡瀬の没後の一九二九（昭和四）年、内村が中心となって静岡県西浦村に設立、校長には平林広人が就いた。

4　戦後の後継者たち

今述べたように内村自身による学校設立の志は、その生前には実現することなく終わった。また、一九〇三（明治三六）年、いわゆる教科書事件が起こったとき、前述したように内村は『万朝報』紙に「文部省が不用となりし理由」を著し、文部省の廃止論に賛同を示した。

しかし、内村没後の一九四五（昭和二〇）年、日本の敗戦により状況は一変した。日本はアメリカ、イギリスなどとの戦いに敗れ、連合軍の支配下に置かれた。

連合軍が行なった改革の一つが日本の教育である。その最高責任者である文部大臣には、まず前田多門、ついで安倍能成、田中耕太郎、森戸辰男、天野貞祐などなど、往事、内村の聖書研究会に学んだ人々が相次いで就いた。同様なことは、教育基本法の制定にあずかった教育刷新委員会のメンバーにも指摘できる。内村が生前に意図した日本の教育改革の一端は、その門に学んだ人々の手によって戦後にようやく実現したと言うことができるであろう。ただし、これもその後、文部大臣に学者でなく政治家が就くようになって終わった。

一方、その意図を受け継いだ鈴木弼美により、山形県小国に一九三四（昭和九）年、基督教独立学校が創立された。

5　特別支援学校教育

内村は、アメリカにおける特別養護施設でみずから働いた経験にもとづき、一八九四（明治二七）年に文部省に対して次のような提言を行なっている。

未来の文部省は宜しく白痴院を設立し、之に堪ふるを以て教員の一大資格となすべし、教育事業の革新此時を以て素《はじ》まらむ（全三「流竄録」）

教員を志す人々には、すべて特別養護施設などにおける教育経験を「教員の一大資格」にせよとの提案である。

この提言は、実に一九九七（平成九）年になり、田中真紀子議員の提案により「介護等体験特例法」が設けられ、「小学校及び中学校の教諭普通免許状を取得しようとする者」に対し、七日間以上の施設における「介護等体験の従事」を教員免許状の申請に対し必要とする規定が定められた。実に、内村の提案後一〇三年経って、ようやく一部の実現をみたと言えるであろう。

一七　『羅馬書の研究』はだれの著作か

内村鑑三は、生涯にわたり、数多くの著作を刊行した。みずから刊行した書物を積んで背比べをしている写真もあるほどである。その後、筆者も内村の著作の文庫化の手伝いを幾つか行なってきた（『代表的日本人』、『余はいかにしてキリスト信徒となりしか』、『キリスト信徒のなぐさめ』、『後世への最大遺物・デンマルク国の話』、『ヨブ記講演』、『宗教座談』、いずれも岩波文庫）。

その一方、時々、内村の大著である『羅馬書の研究』の文庫化についても質問を受ける。ただ、これについては、標題に掲げたような問題がある。それを述べよう。

1　ロマ書講演

右に述べたように、幾つかの内村の著書の岩波文庫化の過程のなかで、時々、どうして『羅馬《ロマ》書の研究』を文庫本に加えないか、という質問に出会った。

確かに同書は、内村自身の年齢にして還暦の六〇歳、もっとも充実した時にあたる一九二一

（大正一〇）年一月一六日より、翌年一〇月二二日まで大日本衛生会講堂において、六〇回にわたり行なわれた大連続講演であった。講演の内容は、毎月発行されていた主筆誌『聖書之研究』二四七号から「内村鑑三講述、畔上《あぜがみ》賢造編纂」として連載された。内村は、その第一回講演を「東京講演　羅馬書の研究」として連載するにあたり、題名の後に次のように付記している。

本稿は内村の東京講演を基本として畔上が自己の研究をも加へて編纂したるもの、或意味に於て二人の共作と云ふべきものである。

ところが、その第二九講の掲載（『聖書之研究』二五八号、一九二二年一月一〇日）になり、突然内村は、畔上によって書かれた本文の後に、「講演約説」として「第二九号約説」を加えて掲載した。同誌には畔上により執筆された「第三十一講」まで掲載されているので、同様な「約説」も「第三十一講約説」として付記のかたちで加えられている。このかたちは最終回まで踏襲された。しかし、内村は「約説」を加えた理由に関しては何も語っていない。これは、明らかに畔上によって書かれたものに不満を覚えたためとみられる。

では、内村は畔上の文章の何が不満であったのであろうか。そこで『聖書之研究』五八号に掲載されている畔上の筆記文と内村の「約説」とを比較してみよう。畔上の筆記文章による「第廿九講　潔められし事（二）」と内村の「第二九講約説」とを採り上げる。

まず第一にわかることは、畔上の筆記文章が二段組六ページに及んでいるのに対して、内村の「第二十九講約説」はわずか一ページにも充たない。その内容となると、正直のところ両者の間に大きな相違を認めることは難しい。ただし畔上の筆記によれば、その最後は次の文章でくくられている。

ただ義たれ義たれと命令するは此世の道徳である、之を唯命令するのみで力は少しも供給しないのである、先づ義ならざる人を義として摂《をさ》め取り、其罪の苦みを除き、心に歓びを漲らしめて、自ら義たらんとの志を起さしめ、聖霊を賜ふて其実現を助くると云ふのが福音である。

これが、内村の「約説」では、最後に記された次の短い文章で表現されているだけである。

聖書を読むに方て神の命令（imperative）と共に彼の肯定（affirmative）あるを忘れてはならない。

まさに律法と福音との相違であり、内村の「約説」の方が、この羅馬書の中心概念をより簡潔に述べていると言えるだろうか。

2　ロマ書講演の単行本化

『羅馬書の研究』は関東大震災後の一九二四（大正一三）年九月に向山堂書房から全七百余ページの大著として刊行された。数多くの内村の著書の中でも大きさ、厚さ、装丁のすべてにわたり格段の規模の大著である。刊行には講演の聴講者の一人であった古賀貞周の支援があったと記されている。

しかし、この単行本も、著者名のところは「内村鑑三著」としか記されていない。『聖書之研究』誌連載にあたっては「内村鑑三講述　畔上賢造編纂」とあり、実際に畔上は、独自の研究も含めて自由に執筆を認められていた。内村自身の筆になる部分は、これも単行本に収録されている「講演約説」の部分にしかすぎない。それも全六〇講のうち三五講以下となっている。

内村鑑三『羅馬書の研究』
向山堂書房、1924年

ふりかえると、それまでにも『平民詩人』（警醒社書店、一九一四）などは「内村鑑三　畔上賢造　共著」と連名で刊行されていた。それが『羅馬書の研究』の刊行において、なぜ内村鑑三だけの単独名になったのであろうか。これにつき、もっとも悩んだ人こそ、当該人物の畔上だった。

この時より二年前の一九二二（大正一一）年、畔上はすでに『羅馬書釈義　第一』、続いて翌年『羅馬書釈義　第二』と題された著書を警醒社書店から刊行している。この二冊の執筆と内村の「羅馬書の研究」の『聖書之研究』誌上への掲載との時期は重なっていた。

畔上は記している。

それと相前後して私は、内村先生の委嘱にて『ロマ書の研究』の執筆にあたつて居たので、二つの原稿の交渉の上に度々面倒なことが起つて、独り苦しんだ。（『畔上賢造著作集』第四巻、同刊行会、一九四〇）

ところが、一九一四年九月、『羅馬書の研究』は内村の単独名で刊行されてしまったのである。畔上がこれに対していかに失望、悲嘆したかにつき、畔上自身の文章にはいまだ接していないが、その子の畔上道雄は、次のように記している。

この原稿は二人の共著として出版するという約束で執筆したものである。それが内村鑑三一人の名で世に出ることになってしまった。

畔上は悄然として家へ帰った。彼は師に対する不満を家族にいうことは一度もなかった。

しかし、この日だけは別であった。むつの心をつくしての慰めもむだであった。彼は一言二言師への不満をもらし、あとはじっとだまりこんでいた。（畔上道雄『人間内村鑑三の探求』産報、一九七七。「むつ」は畔上の妻）

これを記した畔上道雄は、一九一四年生まれであるから、ちょうど『羅馬書の研究』の刊行年と同じである。当然、自分の見聞した出来事でなく、家族から聞いた話であろう。畔上の妻にして道雄の母むつは、賢造との結婚前にすでに長野県上田において内村の講演を聴いている。

なお畔上の生涯について略述するならば、一八八四（明治一七）年長野県上田に生まれた。一九〇四（明治三七）年、早稲田大学在学中に内村鑑三の聖書研究会に入会。卒業後、千葉県県立千葉中学校の教員となる。一九一一（明治四四）年、教員を辞職し独立伝道を始めた。一九一九（大正八）年、上京して内村の助手となる。一九二八（昭和三）年、独立して自宅で上落合聖書研究会を始める。一九三〇（昭和五）年、『日本聖書雑誌』を創刊。同年、内村鑑三の死去にともない葬儀委員長をつとめた。一九三八（昭和一三）年死去。

内村の行なったロマ書講演と単行本となった『羅馬書の研究』の間には、ここに紹介したような経緯があったが、双方の大きな意義には変わりないであろう。その刊行に関する畔上の心情は、子の筆により代弁されているが、内村自身の考えは表明されなかった。

一八　桜の花に何を思ったか

内村はたびたび花見に出掛けている。あるいは花見に出掛けようとしている。しかし、花見を楽しんだ記述はあまりない。なぜか。

1　桜は愛する花か

内村は、「余の好む花」のなかで、桜を次のように撃退している。

桜？　否なよ、否なよ、余は誓つて言ふ、余の愛する花は桜ではないと、桜は華奢《きやしや》である、外形を張る、人に媚びる、其彼岸桜《ひがんざくら》は娼妓《あそびめ》である、其牡丹桜《ぼたんざくら》は御殿女中《ごてんじよちう》である、彼女は余りに人に馴《なれ》易くある、且つ彼女の栄華は短かくある、彼女は実《み》を結ばない、余は桜は嫌ひではないが、然し彼女は余の愛する者ではない、彼女は不信者的の才姫である。（全一一「余の好む花」）

ただし山桜だけは除かれている。山桜は「俗人の賞翫せざるもの、亦之を見るも彼等の賞翫し能はざるもの、即ち独り山谷に在て巌石と、渓流とに向て色を呈する者」（全一〇「山桜かな」、原文総ルビ）であるからという。

2 悲しい思い出 その一

それでは、もとから桜が嫌いであったかというと必ずしもそうではなさそうである。嵐山の桜を見て詠んだ、次のような歌もある。

三年経し心の傷は癒えやらで
　花咲く毎に痛みつるかな

（全七「過去の夏」）

京都在住時代に詠んだ歌である。三年前というと、一八九一（明治二四）年四月、「不敬事件」直後に妻かずを失った時にちがいない。なぜ桜か。その事件から一一年後の一九〇二（明治三五）年にも讃美歌「世々の磐」に関し、次のように述べている。

今を去る十一年前桜花爛漫として都城を飾る頃　先愛　内村加寿子が彼女の夫が逆臣国賊として国人に窘《くる》しめらるゝの声を聞きながら悲しき眠に就きし時、彼女の枕辺に於て余と余の父とが声を合して歌ひし者は此歌なりき（全一〇）

ついで内村は、その「意訳」を掲げている。「世々《よゝ》の磐《いわ》よ我を囲《かこ》めよ」で始まるこの歌は、次の最終節で終わっている。

我れ此生気《いき》を引き取らんとする時
我の瞼《まぶた》の閉《とぢ》んとする時
我れ見ぬ世に逝《さ》らんとする時
審判《さばき》の御座《みくら》に汝を見る時
世々の磐よ我を囲みて
我を汝の間に匿せよ

（全一〇「余の特愛の讃美歌」）

亡き妻を前にして、内村とその父とが、細々とこの歌を歌い見守っていると、どこからからか、桜の花びらも一ひら二ひら舞い込んでいる光景が浮かんでくる。

それから、一七年後の一九一九（大正八）年四月九日の日記にも、内村の「哀歌」は変わることなく奏でられている。桜は内村に、その人生における最大の苦痛を想起させる花だったのであった。

鶴の舞ひさうな好天気である、一重桜は散り初めて庭園に花の吹雪《ふぶき》を見る、明治二十四年四月廿一日に嘉寿子を葬った日も斯んな日であつた、同四十年四月十五日に父の遺骸を送りし日も斯んな日であつた（全三三）

3　悲しい思い出　その二

右に述べた話を繰り返すことになるが、父宣之も桜咲く四月に七六歳で世を去っている。父は、維新の変動期に一時は高崎藩の副知事まで勤めた人であった。子の鑑三が、前述したように「逆臣国賊」の罵声を浴びていた時も、日本でまったく販路の見込みのない雑誌『聖書之研究』を一生の職にする決意をした時も、終始、息子を支えつづけた人という。父は西行の次の歌を常に口ずさんでいた。

願くは花の下にて春死なん

その如月《きさらぎ》の望月《もちづき》のころ
（全一五「父の永眠に就き謹告す」）

父は、その願いどおりに「桜花爛漫」の時に永遠の眠りに就いたのであった。

4　花の都は煙の都

一九一九（大正八）年三月三一日の日記には、次のような記述がみられる。

庭内の桜花開き我家の春である、午後家人と共に上野に七分咲きの桜を見た、老樹の多くは市中より吹送らる、煤煙のために枯れ、唯若樹《わかぎ》のみ咲き乱れたるを見て近世文明を詛はざるを得なかつた、花の都は煙の都と化した、是れ進歩ではない退歩である、而してすべてが此類である、憤慨に耐へない。（全三三）

今から実に一〇〇年以上も昔の話である。上野の山に花見に出掛けて、そこに「煤煙」により枯れた桜を見て、憤慨した人間は、当時、どれだけいたであろうか。

筆者の子供のころの話になるが、教科書には工業の発展を示す写真として、工場の煙突の立ち並ぶ大阪の町の写真が掲載されていた。また、鳥取の親戚の人が「山陰線に乗ってごらん、汽車が鳥取県に入って出るまで、工場の高い煙突は一本もないよ」と自嘲気味に話していたことを思い出す。

内村は、足尾鉱毒反対運動では、現地で吹きすさぶ風に抗して反対演説を叫んだ一人であった。現在、その足尾に向かう鉄道沿線の山肌には、春は桜の花も見かけられる。

一九　福祉施設で働いた経験は活かされたか

内村がアメリカにおいて最初に従事した仕事は、知的障碍児施設の看護人であった。その院長は、内村が、日本に帰国後もそのような仕事に就くことを期待した。帰国後の内村は、その院長の期待をまったく忘れたのであろうか。

1　エルウィンの施設経験

結婚に失敗した内村は、その心に生じた「真空」をうめるためにアメリカに渡った。しかし、同時期に外国に留学する札幌時代の旧友、新渡戸稲造、宮部金吾、広井勇らと異なり、私費によるアメリカ行きであった。そのうえ、その私費の多くは借金である。

アメリカへ着いても、まず、当面の暮らしを支えるためには働かなくてはならない。まもなくして就いた仕事が、フィラデルフィア州エルウィンの知的障碍児施設の看護人であった。そこでは、子供たちから「ジャップ」と馬鹿にされながら、その下《しも》の始末もしなくてはならなかった。

内村にとり、この「帝国政府の役人から知的障碍児養護施設の看護人」への変化は大きな落差に思われた。しかし、それが、アメリカにおける斯界の第一人者リチャーズ（Richards, James B.）の話を聞いて一変する。すなわち、その仕事がただの「憐憫と実用」の仕事ではなく、福音を伝える神聖な仕事であることを知る。私は、内村の一生にとり、この施設において頭ではなく体で知った経験はなによりも貴重で、その後のアマストにおける回心に、さらには日本における生き方にも通じる道であったと思う。

なお、内村は、この施設における経験を「流竄録」と題し雑誌『国民之友』に連載、これを読んだ国木田独歩は、小品「春の鳥」と題した作品のなかで、智慧遅れの少年「六さん」を扱った。また有島武郎も、アメリカ留学中に、一時、精神病院の看護人として働いている。これも施設で看護人として働いた内村にならったものと言えるであろう。

2 視覚障碍者支援

帰国後の内村は、知的障碍児童に対する支援事業には直接従事することなく終わったが、視覚障碍者のための支援には大きく貢献している。

その一人に好本督《よしもとただす》（一八七八―一九七三）がいる。一八七八（明治一一）年に大阪に生まれたが、生まれつきの弱視者であった。東京高等商業学校在学中に内村鑑三に出会い信仰者となる。オックスフォード大学に留学のためイギリスに滞在、イギリスにおける視覚障碍者事業を知り、帰国後、まず日本盲人会を組織。一方、貿易商を営み経済的支援を行なった。一九〇二（明治三五）年に刊行した『真英国』につき、内村は、陸海軍のイギリスでなく「博愛」のイギリスを紹介していると評した。

秋元梅吉は一八九二（明治二五）年、東京に生まれる。幼児期に失明、一九一三（大正二）年、内村の聖書研究会の会員となる。一九一七（大正六）年に改訳された新約聖書の点字訳を仲間と志し、前記好本督の援助もあって一九二〇年に完成、続いて旧約聖書の点字訳も始め、これは一九二四年に完成した。この事業における内村の支援について、秋元は次のように語っている。

　点字聖書出版に当って内村鑑三先生から御奨励いただいた事は多大であります。列王紀略を製版している頃です。先生は秋元と伊藤とを招いて「之でマンジューでも買って食べ給へ」と言って金30円下さいました。当時10円あれば1人の1カ月の食費に足りたのですから之は大金です。その時先生は「どうも俺の所の集会の連中は君たちの事業に冷淡だ。集りには来るが信仰はわかっていないんだ。彼らに君たちの事を話して募金したが成績がよくない」

と言いつつ製版者と読手の生活費を保障したという（岩島公『秋元梅吉』日本盲人福祉協会、一九八五）。

3　他の社会福祉活動

大須賀（石井）亮一は、一八九一（明治二四）年に起こった濃尾大地震により孤児となった子供を養育したことが契機となり、滝野川に孤児院を開設、一八九六年にはアメリカに行きエルウィンの知的障碍児養護院を訪ねている。これは、内村が雑誌『国民之友』に連載した「流竄録」（一八九四）の影響と思われる。

一九〇〇（明治三三）年、内村が開いた夏期学校には講師として留岡幸助が招かれて講演、八月一日の午後には、内村は参加者を連れて、留岡が、前年、巣鴨に開設した家庭学校を訪ねている。それまで感化院といわれていた少年施設を、留岡は家庭学校と称し、その開設には内村も協力していた。

なお、内村は、一八九九年に「過去の夏」と題してエルウィン時代を回顧、そのなかで「此院に遊びし日本人は余の前に田中不二麿氏ありたり、余の後に留岡幸助氏と滝の川白痴院長大須賀氏ありたり」（全七）と述べている。大須賀（のち石井）について、このように名前を記していることから推して、大須賀のエルウィン訪問前に二人が会っていた可能性もある。

一九二一（大正一〇）年四月、アメリカのエルウィン時代の医師バー（Barr, Martin W.）が来日、両者は三六年ぶりの再会であった。バーは、当時の院長カーリンの跡を継いで院長も経験、その間、アメリカ精神薄弱学会の会長にも就いた（松矢勝宏ほか編『人物でつづる精神薄弱教育史』日本文化科学社、一九八〇）。内村は東京を案内するとともに芝白金の伝染病研究所、東京帝国大学医学部、松沢の東京府精神病院なども訪れ、四月二〇日には、大日本私立衛生会講堂で開催されたバーによる知的障碍児教育講演会では紹介役を果たしている。同会では滝乃川学園の石井（旧姓大須賀）亮一も講演をした。

一九二五（大正一四）年、医学研究のためドイツに渡った息子の祐之は、ミュンヘンの精神医学研究所に在籍中、シュヴァイツァーの女性秘書を知り、シュヴァイツァーの死後のために少額の寄付をした。すでに内村の著書『代表的日本人』などを読んでいたシュヴァイツァーは、祐之が鑑三の息子であることを知り、まもなくして、シュヴァイツァーと内村との間にも文通が始められた（内村祐之『鑑三・野球・精神医学』日本経済新聞社、一九七三）。

これを機縁に内村聖書研究会からもシュヴァイツァーの事業に対する寄付金の募集が開始され、一九二六（大正一五）年には約三〇〇円をはじめ、その送付がなされるようになった。

内村の聖書研究会の会員であった医師野村実は、内村の没後、戦争などがあって延びたが、ようやく一九五四（昭和二九）年になってアフリカにシュヴァイツァーを訪問、同所では内村の寄付金による病室にも案内されている。

4 「サン」の話

晩年の内村の日記のなかで、それを目にしたとき強く心に焼きついた記述がある。一九二三（大正一二）年八月一日の記事である。今日では使用を避ける言葉もあるが全文を掲げたい。

単独《ひとり》になり、手伝《てつだひ》に低能児の「三《さん》」が来て呉れた。彼は年齢十六歳であるが、百以上を数ふる事が出来ない。成人《せいじん》して何に成りたいかと聞けば、葬儀馬車の御者《ぎよしや》の側に坐《すわ》る「金ピカ」に成りたいと答ふ。然し性質は至つて温良で、愛すべき少年である。余は彼と直《ぢき》に仲好しに成つた。三十八年前の米国に於ける白痴院生活を思出した。低能は天才よりも遥に増しである。彼に人生問題はない。恋愛の煩悶はない。自分の低能を苦にせずして喜んで日々を送る。「三」は犬と共に遊ぶを好む。犬を樹《き》に縛《しば》り附《つ》くれば、犬は縄《なは》を切つて走る。それを見て喜んで居る。近頃余に与へられし最も善き友人である。

このとき、内村六三歳、関東大震災より一カ月前の、静かな昼下がりである。内村の日記、いや著作全部を通じても、その一生を通じても、もっとも微笑ましい光景である。

二〇　文学者たちは背教したのか

若き日には、内村の聖書研究会に熱心に通いながら、のちに離れて文学者になった人間は少なくない。これを背教とする見方もあるが、もし背教を、一度はキリスト教を信じていたにもかかわらず信仰を捨てたこと、とするのであれば背教かもしれない。しかし、文学者たちがすべてキリスト教を信じていたとは言いがたい。そうではなく、一時、内村に強くひかれていたと解した方がよいだろう。したがって、ここでは、文学者たちが内村の何にひかれたかを見るとともに、内村のもとから一度は去りながら、それにもかかわらず内村を忘れがたい事由も考えたい。

1　正宗白鳥（一八七九―一九六二）

少年時代に雑誌『国民之友』により同誌に掲載された内村の作品をはじめ、著書『基督信徒の慰』、『求安録』などに親しむ。東京専門学校時代の一八九六（明治二九）年、興津で開催された基督教青年会の夏期学校に参加、内村のカーライルに関する講演を聞く。翌年、同夏期学校の講師もつとめていた植村正久から受洗するが、植村の話よりも「内村第一」だった。当時の正宗にとり内村の魅力は、「人生や宇宙の意味」について語る強い信念と話術であった。それは「歌舞伎座に於ける老いたる団菊の所作以上に私を陶酔させた」という。あるいは、内村の「偶然生れた国は愛するに足らず」の言葉に、「思はず拍手したいくらゐに感激」した。

その内村から、正宗は『東京独立雑誌』廃刊（一九〇〇）のころから次第に離れるようになる。年齢にすれば二二歳、内村のもとから多くの文学青年が巣立ちしたのも同じ年頃である。

しかし、正宗は、戦後の一九四九（昭和二四）年になり著書『内村鑑三』（細川書店）を刊行した。また聖書の愛読は旧約、新約を問わず続けた。晩年、宿泊したホテルの部屋に聖書がなく淋しさを訴えるエッセーも書いている。内村鑑三と聖書とが、最後まで切り離せない存在になっていたことを物語る話ではなかろうか。

これは筆者が、若きころに正宗の講演を聴いたときの出来事だが、話が終わると、メモの紙を無造作に背広のポケットにくしゃくしゃのまましまい込んだ。この所作も忘れられない。それを見て、内村と正宗とはどこかで共通しているという思いがした。それは、二人が、人生にとり一番大切なものとそうでないものとを、それなりに識別していることではなかろうか。

2　有島武郎（一八七八―一九二三）

有島は一八九六（明治二九）年、札幌農学校に入学、新渡戸稲造宅に寄寓時代、同級の増田栄一とともに青山南町に住む内村鑑三を訪問。一九〇一年、札幌独立教会に入会。一九〇一年には内村の刊行する雑誌『聖書之研究』に札幌独立基督教会史を連載。翌年には入営中のため、軍服姿で内村の開催した第三回夏期講談会に参加。

一九〇三（明治三六）年、アメリカに留学、内村の著した *How I Became a Christian* を読んだ影響もあって精神病院に看護人として勤務。帰国後の一九〇七年、札幌農学校の後身東北帝国大学農科大学の英語講師に就く。

しかし、一九一二（大正元）年秋、内村は札幌独立基督教会を訪問、その間、同地で有島に会い、棄教を確認、いたく悲しむ。有島は一時は内村の後継者ともみなされた人であった。やがて、一九二三（大正一二）年、有島の人妻との心中事件に大きな衝撃を受けた内村は、『万朝報』に「背教者としての有島武郎氏」を発表するが、その死因として有島の「心中深き所に大なる空虚」、「コスミックソロー」を読み取る。

もう何十年も昔のことになるが、北海道のニセコにある有島武郎の記念館を訪ねた。館内を見終わって外に出ると、記念館の周囲には、大輪のコスモスが見事な花を咲かせていた。有島の訃報に接した内村が、有島の心に「コスミック・ソロー」を読み取った文章を思い出した。また、近くには、もと有島が所有し解放した稲田が青々と拡がっていた。改めて棄教とは何かと思った。

3　小山内薫（一八八一―一九二八）

小山内薫は、第一高等学校に在学中の一九〇〇（明治三三）年夏、内村鑑三が女子独立学校を会場にして開催した夏期講演会に参加。つづいて翌一九〇一年に開かれた第二回夏期講談会にも、翌々年の第三回夏期講談会にも続けて参加した。

ほぼ同時期に、毎日曜日、内村の家で開かれていた聖書講義にも出席。やがて内村の刊行していた雑誌『聖書之研究』の編集も行ない、いわば内村の助手のような役割をになう。

しかし、一九〇三年、森鷗外を知り演劇界の人物とも交流が生じると、一生の仕事として演劇の世界に関心を抱く。東京帝国大学の卒業時に起こった恋愛の失敗も

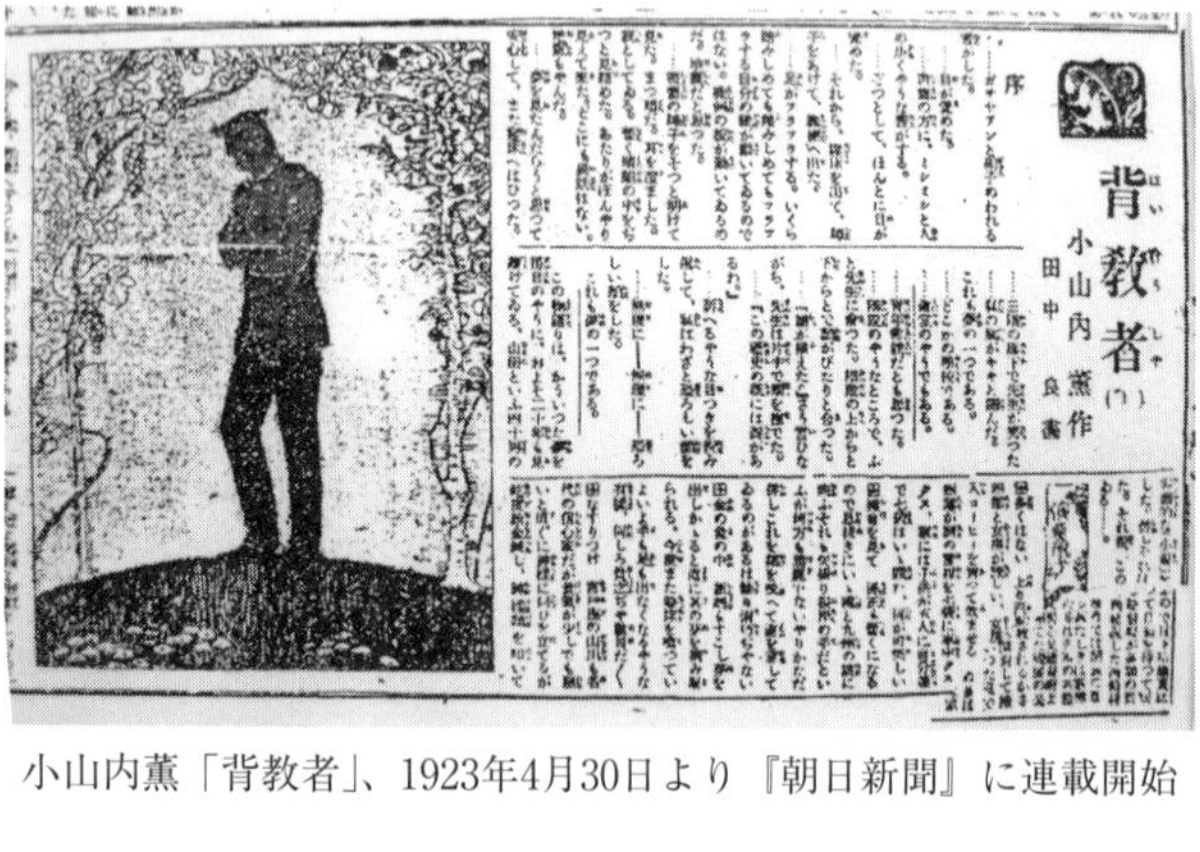
背教者（1）
小山内薫作
田中良畫
序

小山内薫「背教者」、1923年4月30日より『朝日新聞』に連載開始

あって、内村の門から去った。これ以後、小山内は日本の新劇世界において「第一人者」になっていく。

ところが、一九二三（大正一二）年、『東京朝日新聞』に小説「背教者」の連載を開始、これを見た内村は、怒って同紙の購読を中止した。その内容となると、全三回の講談会の記事には、相互に出入りはあるが、ほぼ事実に近いリアルな描写がなされている。その連載は関東大震災により打ち切られた。しかし、小山内のその後の人生および作品をみると、その心には内村の影が深く刻まれていたことがわかる。内村のもとを去って以来、二〇年もの間、内村から絶えず「叱られる」夢も見ていたようである。ただ、小山内の方が内村に先立って世を去ってしまった。

4　志賀直哉（一八八三―一九八一）

一九〇一（明治三四）年夏、内村は第二回夏期講談会を開催した。これに出席した書生の末永から強く勧められて志賀は同会合に参加。以後、毎日曜日の聖書講義にも出席して聖書の暗誦なども行なう。また内村らによって開催された足尾銅山鉱毒問題演説会を聴講し、鉱毒地視察団への参加を希望するが、父の反対にあう。同鉱山は、もともと祖父の直道が旧藩の財政再建のために起こした事業だった。

志賀にとって内村は、いわば「肉」の父に対する「霊」の父の役割を果たすが、七年後に師から去る。しかし、その後も武者小路実篤と連れだって本郷教会で開催された内村の講演会に出席するなど、内村との関係は続いている。のちに書かれた「内村鑑三先生の憶ひ出」(『婦人公論』一九四一年三月)を読むかぎり、両者の間にはなんのわだかまりもない。そのなかで最後の挨拶の折のことが次のように記されている。

私は先生の所へ行き、はつきりお断りして、それきり行かなくなつた。不味《まづ》い気分は少しもなかつた。私の先生に対する尊敬の念に変りはなかつたが、私には私なりに小さいながら一人歩きの道が開きかけてゐた時で、先生の所を去る気になつたのだが、先生は又来たくなつた時は来てもいい、と云はれたと記憶する。

現に志賀は、それ以後も娘ルツの死去に際してはお悔やみに訪れている。また内村本人の亡くなる前にも見舞いに行っている。その折、面会こそかなわなかったが、後で報告を受けた内村は「さうか、志賀が来たか」とつぶやき、それを聞いた志賀は「胸のつまる想ひ」をしている。

5 長与善郎(一八八八―一九六一)

京都帝国大学を卒業後、まもなくして内村の聖書研究会に出席をし始めていたが、本格的な出席は、兄の岩永裕吉に連れられて内村を訪ねて以後という。一年後には内村につき「日本が嘗て生み得た人物中最大の人物」（日記）とまで思うようになった。「世の偽善と虚栄とに対して出来得る限り破壊的であり虚無的であり傲慢であり度い」とまで願っている。しかし、学習院仲間により創刊された『白樺』グループに参加すると、信と美との葛藤に悩みはじめ、あわせて内村の周辺を占める「幇間的な信者」の雰囲気に息苦しさを感じるようにもなった。その結果、まだ通い始めて一年足らずでありながら、内村のもとへ「お詫びとお礼」の手紙を書いた。これに対して内村は「丁寧な返事」をくれたという。すなわち長与は、虚偽をもっとも憎む生き方をする人として内村のもとに通い、その周辺が逆の人間にとり囲まれていることに嫌気がさして去ったといってよいだろう。

長与が内村から受けた影響は、その代表作の「青銅の基督」（『改造』）をはじめ、「誰でも知っている」（『白樺』）などに反映している。

時が流れ、往時の親友倉田百三が、戦時中、日本主義に走り病いに倒れると見舞いに訪れた。その病室に、グレコのキリストが十字架から下ろされる絵の写真とともに『内村鑑三全集』を見出し、それを目に焼き付けている。

戦後しばらくして教育勅語の見直し論が起こったとき、勅語が最終目標として「以て天壌無窮の皇運を扶翼すべし」とあるのは「天皇家のエゴイズムを暴露することに帰着している」（『我が心の遍歴』）と言いきった。

このようにみてくると、背教者とは何か、と改めて問いたい。若き日にティリッヒの思想を介して「宗教とは、究極的なるものとのかかわりである」との教えのしみこんだ筆者には、とりわけ、そのように思われてならない。

日曜日が来ると近くの教会へ家族で通う習慣のない日本では、多くは成人して社会に出ると同時に、教会のみならず、最近では「イエ」の寺院からも関係が希薄になりがちである。そうみると、ここに採り上げた文学者たちは、それぞれ自立の道に踏み入っただけであって、真正面から「背教」したのではないであろう。したがって、一生、なんらかのかたちで「究極的なるもの」とかかわり続けた人々が少なくない。また、内村も、いわゆる「弟子」の人たちよりも、そのものとを成人するとともに飛び去った文学者たちに一定の理解を示したのではなかろうか。

二一　生貧しかったか

筆者の青年時代まで、後楽園から真砂町に登る坂道を途中で左手に登ったあたりに、内村の生まれたという家屋があった。武家屋敷というよりは武家長屋といえる程度の家屋である。高崎藩士として五〇石取りの武士として相応の住居かもしれない。今日も内村の住居跡として記念碑のある高崎の方の家の土地は、地方のためか、もっと広くみえる。

いずれにせよ、武士としては中流の家に生まれたが、長男として両親と弟妹四人の生活の全責任を負うかぎり貧乏からは免れない。やがて弟妹たちは家からは離れたが、両親は世を去るまで同居していたとみてよい。

I　札幌農学校志願

一八七七（明治一〇）年、東京英語学校に学んでいた内村は、札幌農学校への入学募集に応じた。東京英語学校への入学勧誘に訪れた、開拓使の役人の巧みな演説が大きな影響を与えたとも言われる。しかし、そのまま学校に残れば東京大学への進学を目前にして、札幌農学校行きの方針変更は、大転換だった。

その方針変更の有力な理由のひとつが、経済的な要因だった。後年、門下の青年の一人から「先生はなぜ帝大にはいらなかつたのですか」と問われ、「金がなかつたからさ」と笑いながら答えた話が伝えられている（浅野猶三郎「内村先生のおもかげ（一）」、『祈の生活』九、一九三七年五月一〇日）。

その札幌農学校の卒業に際しても、同期の新渡戸稲造や宮部金吾が学究の道に進んだのに対し、首席の成績を収めた内村は開拓使に就職せざるをえなかった。その理由の一つとして、下に弟妹四人を抱えた家の長男という理由もあったであろう。

同じようなことは、そのアメリカ滞在中にもあてはまる。私費で渡米し、施設で働いた後、ようやくアマスト大学に入学し苦学の生活を送る内村に反し、同じアメリカで出会った札幌農学校の同期生の新渡戸稲造、宮部金吾、広井勇らは、すべて官費による留学だった。

2 極貧時代

帰国後、最初に教員として赴任した北越学館は、宣教師と衝突して半年ももたずに帰京。その後、第一高等中学校に就職、内村は有能な生徒たちの教育に意気込んで臨んだが、ここも半年余りで不敬事件という大事件を招く。その結果の辞職は、生活上の大困難をもたらした。しばらくは茫然自失の日々が続いたが、ともかく今日の糧をえなくてならない。その急場の苦境から内村を救った人物が、改めて後述する横井時雄であった。横井は自分の関係する教会の講話を内村に担当させるなどの支援をした。しかし、結局、その教会の専任教師にはなれなかった。言うまでもなく内村は、アメリカで神学校を中退して帰国したために、教会の教師に就く資格を取得していなかったからである。

当時の生活難については、警醒社書店の福永文之助夫妻の話がよく語っている。

その頃、住居は府下の滝の川にあつて、先《ま》づ貧のために何か仕事を捜してゐた。職といつても、学校では不敬事件の直後であるので、恐ろしがつて仲々傭つてくれぬ。福永文之助は非常に心配してくれた。内村はよく警醒社を訪問したものである。訪問すれば必ず鰻丼が内村の御馳走として出される。内村は鰻丼と羊羹が大好物であつたからである。この頃の貧は非常なもので、よれよれの着物をぞろりと着流してゐたといふ。文之助の家に上ると、文之助夫人は、先づ垢《あか》だらけのシャツの洗濯である。内村が待つてゐる間に、文之助夫人は洗ひ干し、それを内村に渡すと、内村は、それを着て嬉しさうにお礼を云つたといふことである。

その内、幸ひ京橋教会が、無牧であるからといふことで、内村を、その教会の嘱託牧師とでもいふ格にして夜の説教をさせることになつた。然し内村は宣教師嫌ひである。宣教師より金を貰はない。信仰を売るやうなものである。それは彼の好まぬところである。又それがためにも今迄戦つて来たのである。文之助は智者である。誰《だ》れにも知れぬやうに毎月の月給は、文之助が教会の献金によつて内村の生活を補ひ度いといふ意味にて、内村に月二十五円から三十円迄の礼金を出すことにした。(益本重雄・藤沢音吉『内村鑑三伝』独立書房、一九三五。原文総ルビ)

同様なことは京都に移り住んでからも続いた。続いたというよりは、むしろ強まったと言ってよいかもしれない。内村の一生にとり「京都時代」は「極貧時代」の同義語となった。折しも札幌農学校の先輩大島正健が同志社の教授として着任、内村を訪ねた時の状況を次のように記している。

明治二十六年京都にありて三河武士の流であつた判事岡田氏のめがねに叶い、貧苦の中にその長女静子をめとる。物質的には当時三条通りに書店を経営していた便利堂主人の庇護を蒙ることすこぶる大であつたが、君その逆境の中にあつて健筆をふるいつつ両親弟妹を養う。貞淑な静子夫人の内助の功きわめて大であつたことは言を待たない。当時予は同志社教授の職にあり、ヨナタンの貧苦を憐れみ、しばしば彼を寓に招いて牛鍋を振舞う。舌鼓を打つてその煮汁の最後の一滴をすする。その様今なお眼前に泛[うか]ぶが、蠟燭をともして「予は如何にして基督信徒となりしか」の稿を整えたのもこの時である。当時日清の役終つて京都に第四回内国勧業博覧会が開催されたが、その際君は陳列品の英文説明書きに雇われ、日々三条大橋を東に渡つていた。その折りの労銀一カ月僅に拾円であつたが、背に腹はかえられず君は苦笑を泛べつつこの職に従事していた。（大島正健、大島正満補訂『クラーク先生とその弟子たち』宝文館、一九五八〈補訂三版〉）

右の大島の文中に記されているように、新たに結婚したしづを最初に驚かせた部屋の光景は、全く何もない生活の状況だった。

3　朝報社への就職

その苦境から内村を救った人物は、札幌農学校時代の親友黒岩四方之進すなわち涙香だった。涙香は、その経営する朝報社の社員として内村を招いたのである。内村はおもに英文欄を担当し、英字新聞の外国人記者たちと渡りあうとともに、日本の学生たちも読者として新たにかちとり、朝報紙の評価を一新させた。

しかし、まもなくして同社を一時退社し『東京独立雑誌』を創刊。また、女子独立学校の校長に就くが、双方ともトラブルを生じさせて、前者は廃刊、後者は辞職。代わって一九〇〇（明治三三）年、『聖書之研究』を創刊するとともに、ふたたび朝報社に戻る。ロシアに対し開戦論の高まるなかで非戦論を唱えたが、のちに朝報社の方針が開戦論に転じたため、やはり非戦論を唱える幸徳秋水、堺枯川（利彦）と同時期に退社した。

このように見てくると、内村の貧乏生活には家庭的、時代的な理由もありながら、内村自身の生き方に起因する要素を否定できない。

4 『聖書之研究』の刊行

一九〇三（明治三六）年、非戦論による朝報社退社後は、『聖書之研究』の発行と聖書研究会のみを中心とした生活に入る。これは、その人生の最後の年となる一九三〇（昭和五）年まで続いた。この間の経済生活をみることにする。

『聖書之研究』刊行時の内村には、生活状況の展望は皆無であったとみてよい。日本人も外国人も、聖書の研究雑誌で生活が成り立つとは、だれも信じられない時代であった。角筈の自宅で始めた聖書講義はというと、ほとんどが収入の無い学生たち二〇数人に過ぎない。約一〇年後には部屋を広くして四〇数人が参加できるようにしたが、聴衆が同じように学生中心では変わりない。

創刊時に内村が留岡幸助から金を借りた話を、留岡は次のように述べている。

明治三十一年と記憶して居るが、私が巣鴨監獄の官舎に住んで居た頃、或る日のこと先生がやつて来て、

君今度僕が発行して居る「東京独立雑誌」を「聖書の研究」と改題して出すのについて、政府へ保証金を納めねばならぬ。実はその金に困つて居るが。

とのことであつた。

幾ら入るのか。

ときくと、

百弐拾円あつたらよいのだ。

そんなら恰度《ちょうど》それ丈《だけ》は、手許《てもと》にあるから、御用立てしやう。

と、云ふと、先生満面に笑《えみ》を銜《ふく》み、

君、金と云ふものは、金持の所へ借りに行くもんでない、貧乏人の内へ行くに限る。

とのことであつた。(『人道』二九四、一九三〇年四月五日)

内村が、人生の中心的な仕事を『聖書之研究』としたとき、これを支持した人間は父宜之と弁護士の普賢寺轍吉の二人に過ぎなかった。それを、世には「余輩が多く財産を作りて安楽に暮しつつありと言ひて其事を世間に言触らす人」が生じたので、内村はよほど心外に思ったのだろう。早速、次のような報告を『聖書之研究』に発表した。少し長いがきわめて具体的なため引用

する。

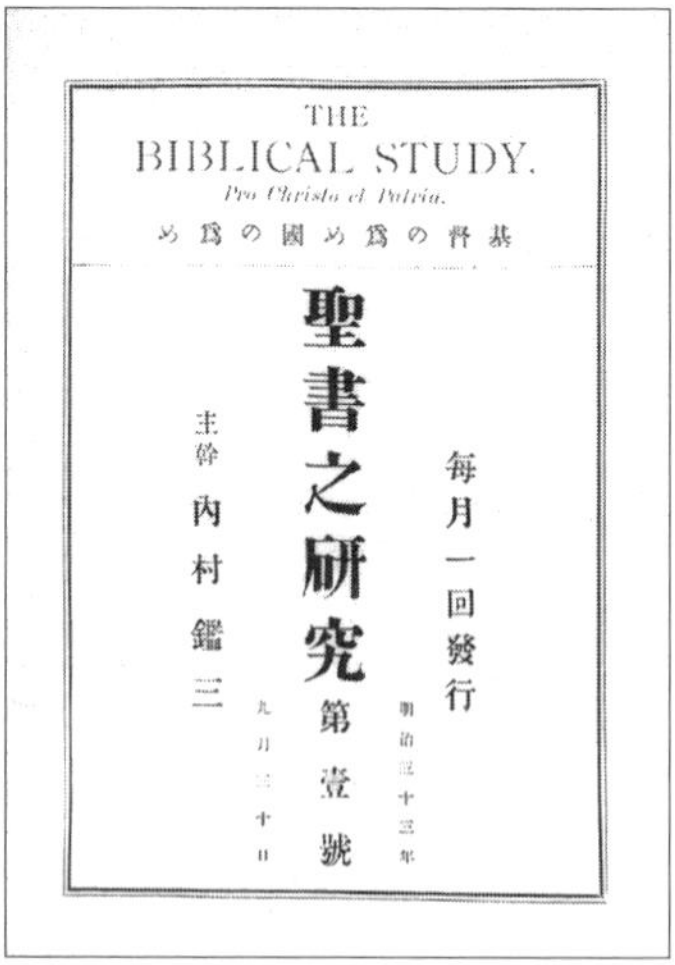
THE BIBLICAL STUDY.

Pro Christo et Patria.

基督の爲め國の爲め

聖書之研究

毎月一回發行

第壹號

明治三十三年九月三十日

主幹 内村鑑三

『聖書ノ研究』創刊号（1900年9月30日）

『聖書之研究』毎号発行部数は平均二千を超へず（若し之を疑はば秀英舎に就て聞け）、而して其の収入の以て富を余輩に持来すに足らざるは余輩が茲に弁明するまでもない、又余輩に二十余種の著述ありと雖《いえど》も、其中版を重ぬること最も多き者と雖も発兌《はつだ》七千部以上に達せし者なし、而して余輩の著述全部の定価を合するも金五円を越えざるを見て、余輩の著述が余輩に高利を供する者にあらざることは是れ何人が見ても明かである、欧米諸国に於ける余輩の著書の配布の甚だ広きを唱へて余輩の獲利を羨む人あるを聞きしと雖も、是れ又無用の心配なりと云はざるを得ず、米国に於ては「余は如何にして基督信徒となりし乎」は僅かに五百部を売りしに止まり、余輩の手許に達せし印税僅かに三十余円に過ぎず、独逸国に於てはやゝ成功し数千部を売尽すを得て其発行者より三回に分ちて余輩の許に四百余円を送来りしは事実なり、而して是れ筆硯業の報酬として余輩が受けし最大額にして、余輩をして感謝措く能はざらしめし者は実に此思掛けなき天よりのマナにてありき、他に丁瑪《デンマーク》国は余輩の英文二著の丁瑪訳に対し二回の寄贈を為したり（凡そ金百円）、其他芬蘭土《フィンランド》と瑞典《スェーデン》と和蘭《オランダ》とは一銭一厘をも送らざりき、和蘭訳の如きは余輩は其成りしを聞きしのみにて未だ曾て之れを手にせしことなき程なり。

（全一七「貪婪の弁明」）

5　移転と講堂

一九〇七（明治四〇）年に入り、住居を角筈から柏木に移転した（現在は角筈も柏木も新宿区内に入っている）。双方とも借地であることに変わりはないが、柏木の邸内には、大阪の香料商故今井樟太郎の妻の寄付による今井館を建築、これを毎日曜日の集会に用いることができた。さらに、これに一九一三（大正二）年には付属聖書講堂を設置、より多くの受講者を受け入れることが可能となる。

ただし一九一七（大正六）年三月一〇日刊『聖書之研究』二〇〇号に報告された同誌の発行部数は次の通り。

本誌は其第一号に於て三千部を発行し第二号は二千五百部第三号以降二千二百部となり一時『新希望』と改題したる頃千八百部まで下りし事あるも未だ曾て其以下に出でた事はない、爾来漸次増加して千九百となり二千となり遂に二千百部に至りて継続する事数年であつた、然るに過去両三年の間又々逓増の萌しあり、やがて二千三百となり目下毎月二千四百乃至二千五百部を印刷してゐる。

この報告によるかぎり、『聖書之研究』の発行数は創刊号に比して減少している。

6　再臨運動効果

一九一八（大正七）年一月、内村は中田重治、木村清松とともに、再臨運動を開始した。再臨運動とは、世界の革新は人間の努力や営みによって将来されるものではなく、十字架上に贖罪の死を遂げ復活したキリストが、ふたたび、この世界に出現し、死者も生者も自然をも新しくし万物を復興させ、宇宙を完成させる。これを信じて待望するという運動である。

内村は、娘ルツの死という個人的に悲痛な出来事に加えて、世界大戦の勃発に接して、この思想に共鳴、当初は中田、木村と共同で運動を始め、その後は単独でも主張するに至った。一時は「角筈の隠者」ともみなされた生活は、一変、一九一八年の一年間に、実に全国をまわり五八回にも達する講演を行なったのである。

これは、『聖書之研究』の読者数にも影響、毎月三〇〇〇部から四〇〇〇部に増加。同時に毎日曜日の講演会場も、丸の内の大日本私立衛生会館に移すなど聴衆は大幅に増加した。

わずか二〇数名で始めた日曜日の聖書研究会は、一九二一（大正一〇）年の会員名簿によると六五〇名に増加している。

7　遺族への配慮

右に述べたように、晩年の内村の経済生活は、決して豊かとは言えないにせよ、安定したものであった。

その結果、困窮時に援助を受けた青木義雄と警醒社書店が、のちに財政上の破綻をもたらしたとき、代わって今度は内村の方が援助する立場にもなった。青木は栃木県の肥料商であったが、銀行家ともなり下野実業銀行の取締役に在任中、破綻。内村は同銀行に預けていた預金を寄付するとともに同地に所有していた農地を「内村学田」と名付け、これも青木に貸すなどの援助を行なっている。警醒社書店は、内村の書物に関しては最初からほぼ一手に刊行、キリスト教の出版社としても有数な書店であった。ところが、同書店は賀川豊彦の家庭科学大系の出版などにより大失敗。破産に瀕したため、今度は内村が三〇〇〇円の資金援助を行なっている。

同じく内村は、自分の亡き後のことも考え、妻しづには相当な金額を遺したとされている（内村美代子氏談）。

二　商売をしたら成功したか

この問いは、文字通り「たられば」の話である。内村は、その実人生においては商売らしい商売をした経験はない。ところが奇妙なことには、それでいて小冊子ではあるが『商売成功の秘訣』というような著述まで出している。その内容とあわせ、内村から強い影響を受けた「商売人」にふれておきたい。

1　青木義雄〈肥料商、銀行家〉

前述もした青木義雄（一八六八―一九五〇）は、下野国出身。一八九四（明治二七）年、箱根で開催された第六回基督教青年会夏期学校に参加し、内村が行なった講演「後世への最大遺物」に感動した。一九〇〇（明治三三）年、第一回夏期講談会にも参加。その後、内村が開始した聖書研究会にも、栃木の家から可能な限り参加した。やがて『聖書之研究』の読者組織である教友会が、栃木県にも青木を中心として設けられた。宝積寺銀行宇都宮支店の支配人に就くと、内村を招いて同銀行で講演。他方、青木も内村に伝道資金をたびたび寄付した。一九一二年には「内村鑑三述」の小冊子『商売成功の秘訣』を同支店から刊行した。短いものなので全文を転載しよう（原文は総ルビ）。

内村鑑三述　商売成功の秘訣

商売成功の秘訣とて別にありません、すべての高貴なる事業の成功の秘訣と少しも異なりません、即ち成功を急がない事であります、成功を求めない事であります、成功しやうとて焦心《あせ》らない事であります、成功は之を天に任《ま》かし己れは日々為すべき事を正直に為すことであります、即ち古《いにしへ》の聖賢の白せし〔もう〕

凡《すべ》て汝の手に堪ふることは力を尽して之を為すべし

との言《ことば》を守り誠実に之を実行することであります、即ち成功を度外視して商売に従事する事であります、爾《さ》うすれば成功するものならば真正《まこと》に成功します、失敗しますするものならば立派に失敗します、成功必ずしも名誉ではありません、失敗必しも恥辱《はぢ》ではありません、卑しき手段を以て為したる成功は恥辱であります、潔き手段を以て取つたる失敗は名誉でありま す。

世には金を溜めんと欲する人が饒多《あまた》あります、然し是れ望んで出来ない事であります、金を溜めんと欲して金は溜まる者ではありません、金が若し溜まりまするならば自然に溜まるものであります、溜める金と溜まる金との間には多くの差違《ちがい》があります、僅かに「め」と「ま」との差違《ちがい》でありますが然し其間には天地の差があります、溜める金は無理に溜める金であります、世間に対しては義理を欠き、雇人《やとひにん》に対しては慈悲を欠き、吾身の自由修養をまで欠いて溜めた金であります、それは溜めたのでなくつて盗んだのであります、金を溜めたとは申すもの丶実は災害を我と我家とに積んだのであります。

之《これ》に反して溜まつた金は自然に溜まつた金であります、為すべき事を為して溜まつた金であります、之《こ》れは正直なる労働の報酬として天が降したものであります、故に感謝して受くべきもの、又受けて何の危険もないものであります、爾《さ》うして天は必ず正直なる労働に酬ひます、私共は金を溜めんと焦心《あせ》るべきではありません、働らいて天が恵を降し給ふ其時を待つべきであります。

今の人の大抵は商売は戦争の一種であるやうに思ひ、機に乗じ計略を運《めぐ》らし狡猾《こす》く、機敏《すばしこ》く出《い》でなければ成功は望めないやうに思ふて居ります、然し是れ大なる間違であります、商売は正業であります、戦争ではありません、戦争は他を殪《たほ》して成功するものであります、然し商売はすべて他の正業と同じく他を益して己を益する者であります、害を他人に加へざれば己れは成功する能はざるやうな、そんな事業には決して従事すべきではありません、「己れ達せんと欲すれば人をも達す」と申します。商売を戦争と見ること程謬《あやま》つた思考《かんがへ》は無いと思ひます、所謂「商戦」と称しまして、他を突倒し、其失敗に乗じて己れの利益を収めんとしまする、実に人は鬼であります、爾《さ》うして多くの商売人は鬼であります、斯かる人々に永久の成功と幸福との来《きた》りやう筈はありません。

　商売成功の秘訣は志士仁人の心を以て此業に従事する事であります、米国の大統領リンコルンの申しましたやうに何人に対しても敵意を挟むことなく万人に対して善意を懐いて此正業に従事する事であります、それで成功が来ないものならば成功を求めません、然しそれで成功の来ない筈はないと信じます、謹んで茲に此事に関する私共の意見を披歴致しまする。


本講演からわかるように、内村の言う「成功の秘訣」はきわめて単純で、正直にして誠実であることに尽きる。

　この後、一九二二（大正一一）年六月にも宝積寺銀行と喜連川銀行とが合併してできた下野実業銀行において「商人と宗教」と題して講演、これも青木義雄により同年一〇月に小冊子が刊行された。さらに下野実業銀行が宇都宮銀行などと合併して下野中央銀行が成立し、青木は同銀行の監査役を務めていた。

　しかし、青木家が負債を抱えると、今度は、内村が下野中央銀行に預けていた五〇〇〇円を青木家に寄付した。さらに挾間田に約一町の田畑を買い取り「内村学田」と名付け青木家に貸し付けるかたちで援助した。その田畑からの収入は育英資金にあてた。このように、一時は青木が内村の『聖書之研究』の刊行を支えた時期もあったが、晩年には、代わって内村の方が青木を支援したのである。
なお、内村から青木宛ての書簡は実に四百余通を数え、内村の個人に宛てた書簡としてはもっとも多い。

2 今井樟太郎、のぶ〈永広堂〉

今井樟太郎（一八六九―一九〇六）は紀伊国出身の香料商。一八八八（明治二一）年、神戸の貿易商の店員のとき同地の多聞教会で長田時行牧師より受洗。一八九三年、和歌山に帰り香料製造に従事、商業を営む。一八九六（明治二九）年、大阪において石鹸と香料を販売する会社永広堂を創業する。内村の『東京独立雑誌』、『聖書之研究』を熟読。一九〇〇年九月夏、京都の平安教会で行なわれた内村の講演会に出席し、はじめて内村鑑三と会う。一九〇五年、東京に永広堂の支店を設ける。一九〇六（明治三九）年、脳溢血により三八歳で急死。内村は『聖書之研究』七六号（一九〇六年六月）に「今井樟太郎君逝く」との追悼の辞を掲げた。また、その翌年に刊行された今井の著書『香料案内』には、冒頭に今井の写真が掲げられ、その下に内村の次の言葉が記されている。

馨はしき人ありたり

馨はしき業に従事し
馨はしき生涯を送れり
茲に馨しき紀念を留む

さらに内村は同書に序文も掲げ、「此著はまことに『香料案内』なり、単に香料を商はんと欲する者のための案内にあらず、神の造り給ひし此美はしき宇宙に透徹するすべての香気に人を導くための案内なり、余は此著が此使命を充さん事を信じて疑はず」と記した。

つづいて一九〇八（明治四一）年三月に刊行された香料業界の機関誌と思われる『かほりの園』第二号には、「香のなき国　之を補ふの必要あり」と題された小文を寄稿している。

このように、ここでも内村は具体的な商売法を語っていない。社会に香料を販売する仕事が、その社会の人々へも香りを放つ仕事となることを望んでいるのである。

今井樟太郎の没後、その商売を受け継ぎ発展させたのは妻のぶ（一八七三―一九四二）であった。のぶは大阪出身。旧姓尾崎。神戸に移り多聞教会で今井樟太郎と結婚。永広堂の事業が軌道にのりつつある最中に夫樟太郎の急死に遭う。しかし、夫の遺した事業を継ぐ。夫の樟太郎のために「生きて働く墓」（長谷川初音『故今井のぶ刀自』謄写版刷り、一九四八）を設けようとした。それが、一九〇八（明治四一）年になり、内村の家屋と同じ敷地内に設けられた今井館となる。今井館は聖書研究と集会の会場として長く役立った。しかし、内村の没後、道路の区画整理にあい、その建物は、新宿から目黒に移築された。それが、さらに二〇二二年、駒込に移築され、集会場および内村関係の資料館として役立っている。

また青木義雄の銀行で行なった内村の講演「商売成功の秘訣」と「商人と宗教」とをまとめた小冊子を、今井樟太郎の没後二〇年目にあたる一九二六（大正一五）年に永広堂からも刊行している。従って内容は青木のもとで行なった講演内容と変わりない。

なお今井家の墓地は、現在は芦屋霊園にあって、そのなかの高台に位置し、樟太郎の墓石には、前述の内村の「馨はしき人ありたり……」の言葉が刻まれている。

3　相馬愛蔵〈中村屋〉

相馬愛蔵（一八七〇―一九五四）は、信濃国出身。中村屋を創業した実業家。東京専門学校在学中に牛込教会で受洗。卒業後、北海道にわたり、札幌農学校一期生の伊藤一隆のもとで禁酒運動に従事。一年後に帰郷、蚕種の製造に従事するとともに東穂高禁酒会を結成、井口喜源治らと芸妓置屋設置反対運動を起こす。一八九七（明治三〇）年、星良（黒光）と結婚。一九〇一年、井口の研成義塾で講演をした内村鑑三は相馬宅に宿泊。その後、妻良が体調をくずし、まもなく相馬夫妻は上京し、東京帝国大学前のパン屋中村屋を譲渡され開業した。

しかし、競争相手への対抗上、洋酒を店において販売したところ、内村鑑三が店を訪れ、これ

を発見、

私はこれまであなた方のやり方は悉く同感で蔭ながら中村屋を推薦して来ました。その中村屋が今度悪魔の使者ともいふべき酒を売るとは……私はこれから先き御交際が出来なくなります……酒を売るようではあなたの店の特色もなくなります。あなたとしてもわざわざ商売を選んだ意義がなくなりませう

と告げた。愛蔵は、郷里の穂高においては、井口らと東穂高禁酒会まで結成して活動していた身であった。それもあって内村の批判に接すると、まったく頭があがらず「直ちに洋酒の販売を中止した」（相馬愛蔵『一商人として』岩波書店、一九三八）と述べている。また、内村は「商工業の発展が国運進展の基礎であること、その商法は神に恥じない正直を旨とすべきこと、商法で得た報酬は、これを社会公共の福祉のために還元すべきことを常に説いた人」（『相馬愛蔵・黒光のあゆみ』中村屋、一九六八）とされている。すなわち、内村が商売の基本精神として説いていることは、「神に恥じない正直」、「社会公共の福祉のために還元」であることに変わりない。

その後、中村屋は新宿に移転し現在にいたっている。ただし、今日では多くの会合の会場としても用いられ、酒類も提供されている。

4　岩波茂雄〈岩波書店〉

岩波茂雄（一八八一―一九四六）は長野県出身の書店経営者。一八九九（明治三二）年、杉浦重剛の日本中学校に編入学し、翌年、卒業。同年、長野県上田ではじめて内村鑑三の講演を聴く。同年、第一高等学校の受験に失敗し、神経衰弱となり静岡県伊東で静養中、旅館上田屋でふたたび内村の講演を聴き感動する。徒歩で熱海に向かう内村の荷物を持って従った。熱海に着くと内村から牛肉を御馳走になるが、内村から「人足を頼んだとすれば……」と言われ憤慨、あとで「今後先生に師事しない」との手紙を出した。しかし、これに対して内村から懇切な返事を受け取って感情が鎮まる。あわせて内村が開いていた日曜の集会に出席を認められた。次いで一九〇一年、第一高等学校に入学。同年四月、内村は足尾銅山鉱毒地で講演。これに刺激され、同年一一月、同地を見学。

岩波は、一九〇三年ごろの日記に、キリスト教を自己に適する宗教とする理由として次の六点をあげている。

一　積極的進歩的活動的なること
二　聖書中なる道徳の高崇熱烈なること

三　正義の観念特に鋭きこと
四　仏教の如く世を脱して超然たるにあらずして、世と戦ひ世を救ふこと
五　宗教として純乎たるものなること（即哲学的理窟を多く云はずして、直ちに人心の奥底へつき進むこと）
六　失望的ならずして世にも希望的なること

（安倍能成『岩波茂雄伝』岩波書店、一九五七）

他方、学業では第一高等学校において落第を続け、一九〇四（明治三七）年、除名される。そのため、一九〇五年、東京帝国大学哲学科選科に入学し、一九〇八年七月に卒業した。
翌年、神田女学校に勤務するが、一九一三（大正二）年、神田に古本店を開業。当時、古本は客次第で値引き販売をしていたが、内村の示唆もあり正札販売とする。まもなく出版業も始め、倉田百三、西田幾多郎、夏目漱石などの著書の刊行が、その経済的基盤を確立させたことは言うまでもない。学業や信仰の上では、同窓の藤村操と同じく煩悶が尾を引いたが、書店の経営姿勢では内村の精神が大きな影響を与えた。岩波は、最初の『内村鑑三全集』全二〇巻の刊行を終えるにあたり、次のように述べている。

神の国の福ひは遂に分らなかつたとしても此の世の栄の詰らない事はしみじみ教へられた。

永遠なるものと泡沫の如く消え行くものとの区別も教へられた。真理や正義や真実は何物にもまして尊重すべきものたる事を教へられた。民衆を眩惑する外面的の事柄よりも、密室に於ける一人の祈りが遙かに大事業である事を力強く教へられた。社交のつまらなくて自然を友とする事と読書を楽む事の気安さとを教へられた。（中略）複雑な社会に於て商売を営むに当り頑鈍愚直で押し通し、懸引きを排撃し困難を克服して古本の正札販売をやつたり、出版者となつてからは出来る限り低廉の定価を附し組合の実行に先立ち定価販売を断行し、習俗に媚びず世間に阿らず所信に頑張り通して来た事は、先生の感化、特にその独立の精神に負ふ所少くないであらうと考へられる。（「全集完了に際して」、旧版『内村鑑三全集』「月報20」、一九三三年一二月）

また一九四二（昭和一七）年一一月三日、本屋を開業してから三〇年を迎えるにあたり回顧三十年感謝晩餐会を開き、その席上、自己の人生に負うところの多かった人物として、杉浦重剛、ケーベル、福沢諭吉、渋沢栄一とともに、特に「永遠の事業の何ものなるかを御教へ下さつた内村鑑三先生」と語っている（岩波茂雄『岩波茂雄遺文抄』岩波書店、一九五二）。

なお岩波書店が出版を始めてまもなく、夏目漱石の書物とならび倉田百三の『出家とその弟子』、『愛と認識との出発』がベストセラーとなった。そうなると、倉田は妻晴子を捨てて他の女性に移り生活費も渡さなかった。その晴子から筆者が直接聞いた話だが、そのような苦しい生活状況におちいった晴子のもとを訪ねてきた岩波は、時々金銭的援助をしたという。

5　星野嘉助〈星野温泉〉

内村鑑三は、一九二一（大正一〇）年から、夏になると長野県軽井沢の星野温泉が所有している小さな別荘を借りて過ごすようになった。星野晃良（のち三代目星野嘉助、一九〇五―一九八二）はまだ青年だったが、内村が軽井沢に出掛ける時など車で送迎したりすることもあった。一九二六年の夏、内村は、その運転の荒っぽかったのが気になったらしく、後で星野は、内村から呼ばれて一枚の紙を渡された。それには次の言葉が記されていた。

大正十五年七月二十八日、星野温泉若主人の為に草す

成功の秘訣

六十六翁　内村鑑三

一、自己に頼るべし、他人に頼るべからず。
一、本を固うすべし、然らば事業は自づから発展すべし。
一、急ぐべからず、自働車の如きも成るべく徐行すべし。
一、成功本位の米国主義に倣ふべからず、誠実本位の日本主義に則るべし。

一、濫費は罪悪なりと知るべし。
一、能く天の命に聴いて行ふべし。自から己が運命を作らんと欲すべからず。
一、雇人は兄弟と思ふべし、客人は家族として扱ふべし。
一、誠実に由りて得たる信用は最大の財産なりと知るべし。
一、清潔、整頓、堅実を主とすべし。
一、人もし全世界を得るとも其霊魂を失はゞ何の益あらんや。人生の目的は金銭を得るに非ず、品性を完成するにあり。

以上

この当時の若主人星野晃良は、筆者が会った折には、すでに大きなホテルの三代目として名も「星野嘉助」を継いでいたが、それにもかかわらず客を送迎するバスに同乗して、乗り降りの世話をしていた。そのような態度にも内村から受け取った心得が活きているように思われた。

また、同家には幾つか内村の書も遺されていて、その一つが「善遊善学」である。「善く遊べ」が「善く学べ」よりも先に書いてある。

なお同氏には新全集発行に際し「月報」に執筆を依頼、それが「月報18」(一九八二年三月)に掲載されている「内村鑑三先生と私」である。これには内村が直接本人に手渡した上記の文章が写真版で収められている。

以上、このようにみてくると、内村鑑三の説く商売成功の「秘訣」は何も特別なものでなく、誠実、正直、奉仕などの精神に尽きると言えるであろう。これらは、あの『代表的日本人』で採り上げた五人の日本人にも通じる精神であった。

内村の周辺にいた人々により、内村の「横隔膜下の笑い」という言葉が時折記されている。腹の底から出る大笑いだろう。悲痛な出来事の多い人生だったが、それだけに少しでも楽しければ大笑いしたのかもしれない。人から笑い話を聞くことを好んで、みずからも他を大笑いさせていた光景が浮かんでくる。

二三　ユーモアを解したか

1　落書きつき写真

内村鑑三と聞いて、多くの人はどんな顔を想像するであろうか。それは、毅然として暴風に立ち向かう姿ではなかろうか。歯を食いしばって一点を凝視する顔であろう。これは、そのような写真が内村に関する書物にも多く使われている影響とみたい。

私は、個人的に内村鑑三のアルバムを作成している。そのなかには結構相好を崩した内村の写真もある。なかには思わず噴き出したいような添え書きを付した写真もある。たとえば晩年であるが、札幌農学校時代の同窓生宮部金吾、南鷹次郎とともに三人で撮った写真がある。その裏をみると、内村の字で、次の言葉が書き込まれている。

明治十四年度卒業生三人
農学博士　南鷹次郎
理学博士　宮部金吾
無博士
無学士《ノーガクシ》　内村鑑三

ただし、その内村の肩書も、双方とも線で消してある。三人は札幌農学校の第二期生であった。しかし、のちに南も宮部も北海道大学教授に就き、上記のように博士の学位を受けている。なお付け足すならば、札幌農学校時代の学業成績は、四年間、一貫して内村が首席であった。ここには内村のユーモアとともに悔しさも読み取られる。

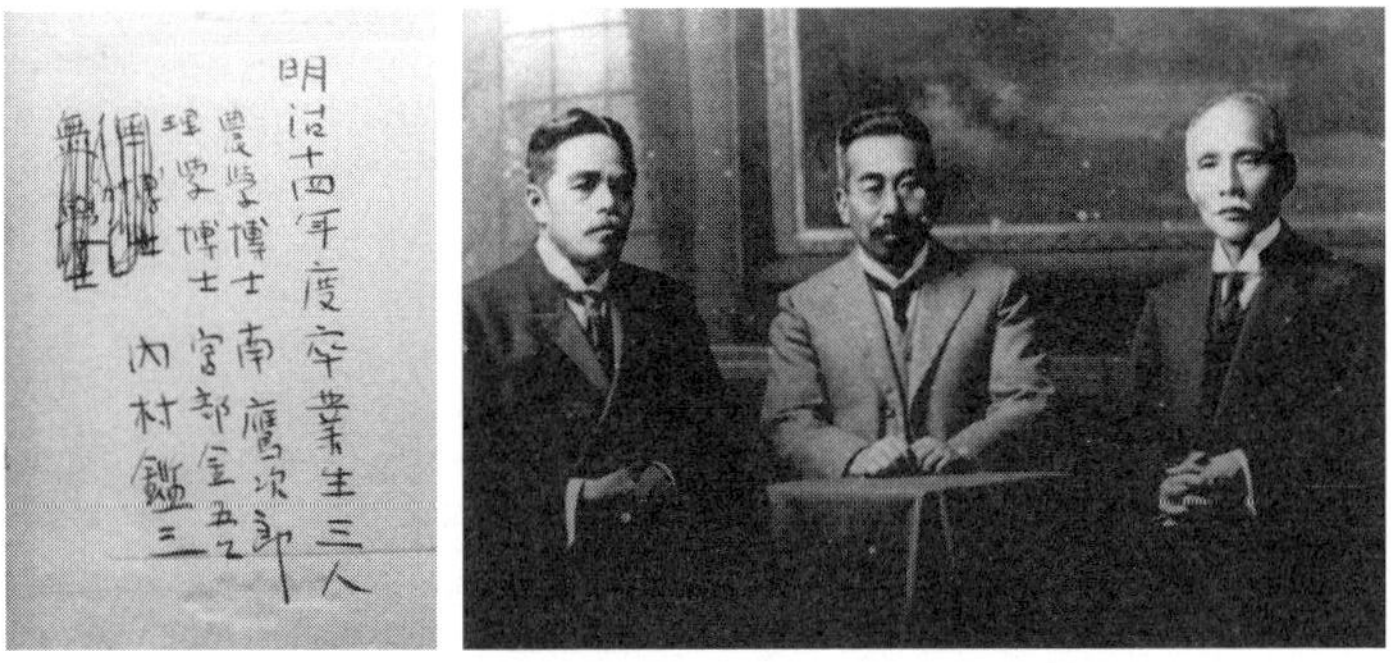

宮部金吾、南鷹次郎との写真とその裏面の書き込み

2　和歌のたしなみ

一八八四（明治一七）年、鑑三がアメリカに渡るにあたり、父は次の歌を贈ったことが知られている。

聞しのみまだ見ぬ国に神しあれば
　行よ我子よなに懼るべき

内村自身の引用の時期により、歌の文字には僅かな相違はあるが、父は漢詩をはじめ作歌もたしなんでいた。渡航に際し、内村もカバンのなかに宮部金吾から贈られた『古今集遠鏡《とおめがね》』を収めていた。

第一高等中学校における「不敬事件」の直後、妻を失ったときは、悲痛な歌を詠んでいる。

春の日に栄の花の衣きて
　心うれしく帰るふるさと

悲しみをストレートに詠んでいないだけ、心情が逆説的に吐露されている。

一八九七（明治三〇）年、内村に朝報社への入社を依頼に訪れた社長黒岩涙香に対して、次の歌をもって応じた話は名高い。

思ひきや我が敷島の道ならで、浮世の事を問はる可しとは

すなわち太平記に出てくる冷泉為明の歌をもって応じたのである（黒岩周六「内村鑑三氏の退社を送る」、『万朝報』一八九八年五月二二日）。

このように、内村は人生の大きな変化の折節に、歌を詠んでいることがわかる。しかし、そのような折節だけに詠まれた歌は重苦しい。

一方、女友だちとも言える三谷民子との間に交わされた歌は軽妙である。今井館聖書講堂の改築のため、一時、三谷の勤める番町の狸穴《まみあな》にあった女子学院講堂を借りて聖書講義が行なわれた時、二人の間には次のような歌が交わされた。

思ひきや狸の巣なる番町の
　小春の庭に花咲かんとは　　カン三

花咲かす爺のくどくに狸ども
　小春の庭に腹つゞみかな　　民子

（旧版『内村鑑三全集』「月報5」、一九三二年八月）

文字どおり歌の交歓であり応酬である。このとき内村は六三歳、三谷民子は五〇歳であったが、民子は和歌を佐々木信綱に習っていたとされる。

3　ユーモアについて

「ユーモア」という言葉は、説明しようとするとなかなか単純に日本語にするのはむずかしいと思っていた。そこで手許にあった『広辞苑』（第三版）を引いてみると、ただ「上品な洒落。諧謔」とあるのみで少々拍子抜けした。

内村自身は、晩年にあたる一九二九（昭和四）年五月一三日の日記のなかで、「ユーモア」について次のように描いている。

まず、病人としての自分の生活につき、こう記す。

> 安静の途を得るに苦しむ。肉類を食つてはならぬ、散歩してはならぬ、人に会うてはならぬ、気をいら立ててはならぬ、ならぬ責めである。殆んど生きてゐてはならぬと云ふと同然である。さうまでして生きねばならぬと思ふと可笑しくなる。夜に入つてプラトーの『レパブ

リック』に於けるソクラテスの対話を読んで会心の笑みを禁じ得なかつた。之を総理大臣初め貴衆両院の議員方に読んで聞かせて上げたくなつた。政治家たる事が余りに馬鹿気切つて彼等が総辞職を申出づるに至りしはしまい乎と思うた。我が新渡戸博士に勧む、第七書四九二節以下を彼等に講じてやつては如何！　実にカーライル以上の深いユーモアである。痛快と云ふよりも寧ろ涙が出る。（全三五）

すなわち、内村が「深いユーモア」を感じた部分とは、今で言うプラトンの「国家」に描かれている洞窟の話である。洞窟のなかで背後からの灯火に映ずる自己の影を、実像と思いこんでいる人間の話である。

しかし、我々内村の日記の読者は、ここに、内村が病人としての自分の生活のタブーに続けてプラトンの話とを重ね合わせているところに、「深いユーモア」を見出してしまう。

二四　最期は自然死で迎えたか

人間を対象にした研究をしてきた者にとり、宿命的なことだが、いやでも、その人の最期にふれなくては済まされない。しかし、その描写は、直接に立ち会わない限り、他者からの伝聞によらなくてはならない。したがって、その伝聞は、往々にして伝説になりかねない。このことを重々承知のうえで本章を述べることにする。

1　発病

一九二九（昭和四）年一月二日、逗子で静養中、体に異常を覚え、日本赤十字病院の五斗医師に受診、心臓肥大を指摘された。

同年四月一四日、体調不良のため聖書研究会の講義は塚本虎二に依頼。心臓肥大により足に浮腫。

聖書研究会は休講を続け、五月二六日から短い「感話」のみを行なう。

九月二二日、聖書研究会で午前、午後二回にわたり、久しぶりに長い講義を行なう。
以後、年末の一二月二九日から、聖書講義は石原兵永らにより代講。
一九三〇（昭和五）年一月からの聖書講義は同じく代読。
三月二二日、内村自身による日記は本日が最後となる。
三月二三日、札幌の長男内村祐之に打電。
三月二四日、祐之一家到着。

2　最期の言葉

三月二六日、今井館で古稀記念感謝会が開催され、次の言葉を伝言。

万歳、感謝、満足、希望、進歩、正義、凡ての善き事
聖旨にかなはゞ生延びて更に働く。然し如何なる時にも悪《あし》き事は吾々及び諸君の上に未来永久に決して来ない。宇宙万物人生悉く可なり。言はんと欲する事尽きず。人類の幸福と日本国の隆盛と宇宙の完成を祈る

三月二七日夜、長男祐之は医師藤本武平二に向かい、安らかな死を迎えさせるように要請。

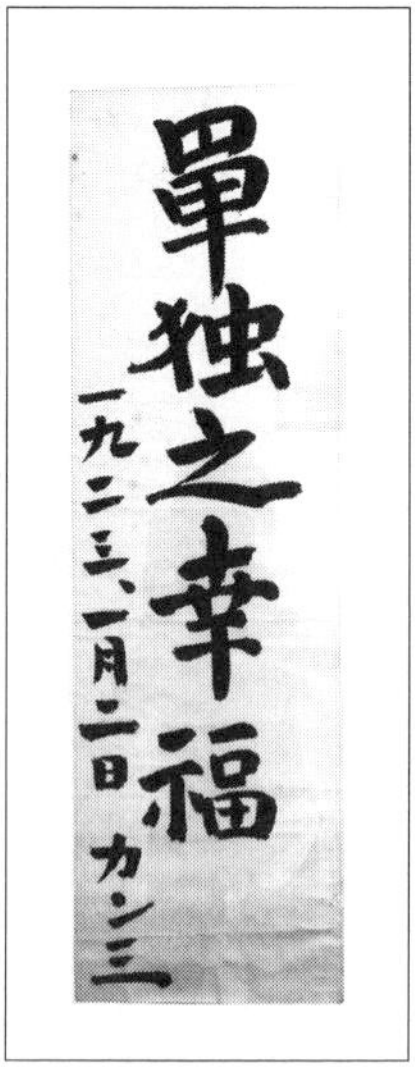

「単独ノ幸福」の書
（1923年1月2日）

三月二八日早朝、医師藤本と長男祐之、相談の上注射。午前八時五一分永眠。

［付記］

祐之氏の妻美代子氏より、筆者は、その注射の内容につき教示されたことを付記する。その最期に施された処置は、内村鑑三本人の意思をくんだ尊厳死であった。

3　おもだった『聖書之研究』の読者たち

すでに第二一章の「4　『聖書之研究』の刊行」のところで、その発行は三～四〇〇〇部に達していたことを紹介した。内村の生活を考えると、そのころには、著書の印税、講演料、聖書研究会会費などが主な収入であったと思われる。若き時代こそ、どん底の極貧生活に追い込まれたが、晩年は、豊かとは言えないにせよ、生活に困ることはなかった。内村美代子さんから聞いた話だが、没後の妻の生活を配慮して「約二十万円」遺していたとされる。一九三〇（昭和五）年ころでは、なかなかの金額といってよいだろう。

ただし、没後は、『聖書之研究』は廃刊となり、聖書研究会も解散するから、毎月の安定収入は終わるとみてよい。同誌の発行部数は三～四〇〇〇部あったと述べたが、それも月極の定期購読者となると、おそらく、その三分の二ほどではなかったであろうか。このことを示す資料として、益本重雄・藤沢音吉著『内村鑑三傳』（独立堂、一九三六）に別冊付録として付された小冊子「内村先生に倣ふ人々」がある。かつて、これを資料に品川力により整理されたものが遺されている。それによると総数は二九一六名である。それから主だった氏名をわずか百余名にすぎないが掲載する。数こそわずかであるが、内村没後、その遺志をついで活躍した人々が少なくない。

青木庄蔵、秋元梅吉、有馬四郎助、畔上賢造、今井信子、飯山敏雄、植木良佐、浦口文治、小野善太郎、大賀一郎、大島正満、神田盾夫、川西実三、片山徹、河面仙四郎、北村美那、気賀重躬、久山寅一郎、小平一子、小島伊助、古我貞周、佐藤定吉、斎藤宗次郎、末永敏事、田中龍夫、高木八尺、浜田成徳、広井勇、鰭崎轍、藤本武平治、前田多門、政池仁、政池ヒロ、三谷文子、三谷隆正、三谷隆信、三谷民子、宮部一郎、室賀文武、湯沢健、山本泰次郎、矢内原忠雄、渡辺五六、江原万里、金沢常雄、左近義弼、二瓶要蔵、山田鉄道、羽仁吉一、山枡儀市、八木一男、黒田惟信、山田幸三郎、海保竹松、富助市、朝日奈儀助、根本益次郎、青木義雄、中山博一、永島与八、住谷天来、日永初太郎、内海恒枝、小山英助、手塚縫蔵、樋口てう、星野嘉助、青山士、家田平吉、逢坂信吾、大橋正吉、木村孝三郎、鳥井儀資、宮川文平、山岸トヨ、照井真臣乳、黒崎幸吉、諏訪熊太郎、黒岩四方之進、虎渡乙松、粟屋仙吉、浅見仙作、原崎源作、亀谷凌雲、太田十三男、佐伯理一郎、松岡帰之、川合信水、茨木九二、今井安太郎、河辺貞吉、佐伯よし子、入間田悌吉、神田繁太郎、木村清松、木田文治、小松鉄一郎、森本慶三、釘宮徳太郎、松前重義、井上伊之助、安鶴洙、梅田薫、金教臣、宋斗用、秋月致、小葉竹綱次郎、布施辰治

生前の聖書研究会の会員数は、一九二八（昭和三）年末までに五七一名を数えている。この会員たちは、おそらく『聖書之研究』は直接入手していたことが推察される。これと郵送による読者を前述の二九一六名と併せると約三五〇〇名になろう。前述の発行部数三～四〇〇〇部にほぼ類似した数になる。

こうして『聖書之研究』の売り上げ、聖書研究会の会費、著書の印税などにより晩年の内村の生活は支えられたことであろう。それは決して贅沢な暮らしをもたらす収入ではなかったが、若い時代のような極貧に比すると安定した生活を可能にした。したがって、以前に援助を受けた警醒社書店や青木義雄の経済的危機には若干の支援も可能となったのである。

内村鑑三研究七十年——あとがきにかえて

二〇一四（平成二六）年の秋、北海道大学・東京女子大学同窓会による会合が神田の学士会館で開催され、「内村鑑三研究六十年」と題して話をさせていただいた。それから数えると、その時からさらに一〇年になるので、ここでは「内村鑑三研究七十年」と題して、若干個人的な出来事も交えて記すことをお許し願いたい。

1　内村鑑三への親近性

ここでは、少々、今までに記したことのない個人的、私的な状況の叙述から入ることをお断りしておきたい。

すでに『無教会』の創刊（一九〇二）のところで、内村の巻頭の言葉を紹介したが、そのなかで内村は「金の無い者、親の無い者、家の無い者」を読者として創刊したと述べている。青年時代において筆者が、なによりも内村の生活と思想と信仰とに惹かれた理由は、この実生活に基づいた言葉であった。

筆者も今でいう小学校一年の時に母を失い、父は出征して不在のため、戦中の困難期を親戚の家に預けられて過ごした。

続いて少年期に入ると、父は軍隊から復員してきたが、ほとんど帰宅と同時に結核に罹って寝込んでしまった。やがて筆者も感染して、せっかく入った高校も一年で退学に追い込まれた。このころから「貧」と「病」との深い関係が始まった。

闘病しながら、文部省による大学入学試験を二年がかりで受け、辛うじて大学に入ることができた。ただ、気胸療法を継続中のため、一年の終わり頃になって、ようやく大学に出席することができた。しかし学部の授業はつまらなかった。

代わって図書館で過ごすことが多くなった。『内村鑑三著作集』全二一巻に接したのは、その間のことだった。その著書を通じて、はじめて、この世的価値とは逆の価値世界を知らされたのであった。

2 最初の内村論

この世的価値とは別の世界の価値の勉強のためには宗教の勉強が必要である。そう考えて大学院に進むと宗教学の勉強を志した。高校の教員免許は取得していても、当時はきびしい就職難の時代で、胸部に病歴のある人間には一般の就職は絶望的だった。

ひき続き内村鑑三の思想に対する関心は続いていたので、内村に関する最初の論文「内村鑑三の苦難観」を書いた。やがて、その論文の要約めいた文章が学界誌『宗教研究』に掲載された。

折しも、『東京大学新聞』が五月祭行事として小説と評論の募集をしていることを知った。のちに知ったことだが、一、二年程前に大江健三郎が小説の部で入選していた。私は評論の部に「ある日本のエトス・死論――内村鑑三の死と真実より」と題して応募したところ、入賞した。選者は中野好夫、日高六郎の両氏だった。特に中野氏の選評に励まされた。

このころから、内村鑑三研究の意義あるいは意味について考え、特に、その生涯に果たした大きな事業、人間の罪、平等、平和などが課題となった。しかし、そのためには、学問としてまず超えなくてはならない不可欠の作業があったのである。

3　小沢三郎氏との出会い

同じ年の夏ごろ、日本のキリスト教史の研究において手堅い学風で知られる小沢三郎氏を、戸山の公団住宅に訪ねた。通された部屋には、大きなカードボックスと日本のキリスト教関係の資料が、きちんと年次別にファイルされていた。

小沢氏からは、まず用いた資料につき質問があった。私は、全二一巻からなる『内村鑑三著作集』（岩波書店、一九五三～五五）であると答える。すると、ただちに「それだけで充分ですか」と再び問い返された。もの静かだが、その質問は痛撃にひとしかった。

当時は、一九三二、三三年に刊行された『内村鑑三全集』全二〇巻（岩波書店）もあったが、すこぶる高価で、貧乏学生には手も足も出なかった。それで一度通読したことのある『内村鑑三著作集』を使ったのであった。それには書簡などの新資料も加えられていたが、全集でなく選集であることには変わりない。

すでに夜も遅かったので、辞そうとするが「学問のことなら疲れないから構いません」とおっしゃる。そうして次々と当時著名な研究者の名を挙げて、「あれだけの資料で、どうしてあのような大きなことが言えるのだろうか」と疑問を呈された。しかし、私は、最初に受けた衝撃が強くて、他の研究者に対する批判の具体的な内容はほとんど覚えていない。

4　新しい『内村鑑三全集』の編纂

内村鑑三に関しては、小沢氏を訪ねた晩以来、研究の最初に着手すべき基本作業としては、まず確かな全集の編集であるとの考えが高まっていった。著作集によることの問題点は小沢三郎氏から指摘されたが、結局、内村研究には両者を総合してみる必要があった。しだいに、新しい『内村鑑三全集』編纂の期待も生じて、自分なりに資料の収集を志しはじめた。

その後、一九七六（昭和五一）年になり、ようやく内村鑑三没後五〇年を目指して新全集編纂の声が生じ、一九八〇年を期して新全集を刊行したいからと、編集委員としての参加を岩波書店から要請された。

かえりみるならば筆者の壮年時代の主要な仕事は、大学における教育に加えて、同書店により企画された新しい『内村鑑三全集』全四〇巻（一九八〇～八四）の編集作業一筋となった。もちろん全集の編集は、個人の仕事ではなく全編輯委員をはじめ編集課の社員を含めた全体の仕事であるが、個人的に発売の数年前から編集室に通い、初めて得た大学の研究休暇も、その仕事で明け暮れしてしまった。このように記すと編集作業は順調に進捗したようにみられるが、実はたびたび難航した。辞意を表明したこともあったが、今から思うと緑川亨社長および全集編集課の人々に支えられてなんとか克服できたので、ここでは省略したい。それでも前後一〇年間は費やされた。

5 『内村鑑三日録』全一二巻の執筆と刊行

全集刊行後の内村に関する大きな仕事は『内村鑑三日録』の刊行であった。

すなわち、内村に関する詳伝の執筆であった。全集が編年体を採用したために年次別に資料も集めていて、それが自宅では何冊かにファイル化されていた。これを日付順に再編成し叙述したものが『内村鑑三日録』全一二巻（教文館）である。当初は何冊になるか全く予想できなかった。その名残りがはじめの方の刊本に残り、全一二巻のうち最初の四冊分には巻号が入っていない。

そのように、この企画は、当初は何冊になるか見通しのないままに開始されたのである。これには当時の教文館編集長高戸要氏の大きな理解と寛容があった。しかし、数巻出したあたりで、さすがに寛容だった高戸氏から、社内の立場もあったのであろう、いつ何巻で終わるのか見通しがほしいとの要望が出された。これにより全一二巻と定め、それ以後の刊行書には、はじめて通し番号を入れた。したがって同じ『内村鑑三日録』全一二巻と言っても、第一巻から第四巻までは巻号が付されていない。全一二冊をそろえて購入した方々は大いに戸惑ったことだろう。

その後取り組んだ仕事は、内村が一生を通じて友とした聖書の日本語訳史である。その一部は、『聖書の日本語――翻訳の歴史』（岩波書店、二〇〇六）、『文語訳聖書を読む――名句と用例』（筑摩書房、二〇一九）、『聖書語から日本語へ』（教文館、二〇二三）として刊行された。

なお、本書には、長年筐底に秘めたままであった内村美代子氏による日永ノブ氏からの聞き書や、未刊に終わった『教育宗教衝突論史料』（飯塚書房、一九八二。本書は刊行されただけで配本されなかった）の解説も収めた。この機会を逸すれば、消失のほかはないためである。

また、序文で記した実像への接近という本書の課題と「内村鑑三研究七十年」から一言するならば、若き日の志賀直哉や矢内原忠雄の相談に気軽に応じたように、内村の人生とその著述には、日本人はもとより、世界人の生き方、すなわち聖書にもとづく「知」と「信」に対する回答が秘められているのではなかろうか。それも「困ったなあ」とか「何ともわからず」との答え方が物語るように強圧的でなく示唆的である。

最後ではあるが、内村研究を支えてくださった内村美代子氏、石原兵永氏、政池仁氏、秀村欣二氏、小沢三郎氏、家永三郎氏、亀井勝一郎氏、品川力氏、東京大学の岸本英夫氏、脇本平也氏、柳川啓一氏、前田護郎氏、九州大学の古野清人氏、立教大学の赤司道雄氏、藤田富雄氏の絶えざる御激励と御支援にはお礼の言葉もない。この方々も、残念ながら、今はすべて故人となられた。また、本書の刊行に関しては新教出版社社長小林望氏のご理解に深く感謝申し上げ、丁寧な校正をしてくださった森本直樹氏のご協力におおいに助けられました。ありがとうございました。

以下、これまでの筆者による内村鑑三関係の著・訳・注記書一覧（書物のみ）を年代順に掲げておく（ただし、雑誌論文をはじめ『内村鑑三全集』全四〇巻（岩波書店、一九八〇～八四）の解題および同「月報」掲載文は除く）。

［訳書］『余はいかにしてキリスト信徒となりしか』白凰社、一九七二
［著書］『内村鑑三とその時代――志賀重昂との比較』日本基督教団出版局、一九七五
［著書］『内村鑑三をめぐる作家たち』玉川大学出版部、一九八〇
［著書］『内村鑑三』岩波書店（新書）、一九八四
［編および解題］『内村鑑三談話』岩波書店、一九八四
［著書］『代表的日本人を読む』大明堂、一九八八
［編および解題］『内村鑑三選集』全一〇巻、岩波書店、一九九〇

［著書］『内村鑑三日録・2、3　一高不敬事件』上・下、教文館、一九九三
［著書］『内村鑑三日録・4　後世へ残すもの』教文館、一九九三
［著書］『内村鑑三日録・5　ジャーナリスト時代』教文館、一九九四
［著書］『内村鑑三日録・6　天職に生きる』教文館、一九九四
［著書］『内村鑑三日録・7　平和の道』教文館、一九九五
［訳注・解説］『代表的日本人』岩波書店（文庫）、一九九五
［著書］『内村鑑三日録・8　木を植えよ』教文館、一九九五
［著書］『内村鑑三日録・9　現世と来世』教文館、一九九六
［著書］『内村鑑三日録・10　再臨運動』教文館、一九九七
［著書］『内村鑑三日録・11　うめく宇宙』教文館、一九九七
［著書］『内村鑑三日録・1　青年の旅』教文館、一九九八
［著書］『内村鑑三日録・12　万物の復興』教文館、一九九九
［解題］『内村鑑三全集』再刊補遺、岩波書店、二〇〇一
［監修・藤田豊編］『内村鑑三著作・研究目録』教文館、二〇〇三
［著書］『我々は後世に何を遺してゆけるのか』学術出版社、二〇〇五
［共編］『ＤＶＤ版内村鑑三全集』内村鑑三全集ＤＶＤ出版会、二〇〇九
［解説・注記］『後世への最大遺物』岩波書店（文庫）、二〇一一

[著書]『近代日本のバイブル――内村鑑三の「後世への最大遺物」はどのように読まれたか』教文館、二〇一一
[著書]『内村鑑三の人と思想』岩波書店、二〇一二
[著書]『道をひらく――内村鑑三のことば』NHK出版、二〇一三、二〇一四
[解説・注記]『宗教座談』岩波書店（文庫）、二〇一四
[解説・注記]『ヨブ記講演』岩波書店（文庫）、二〇一四
[編・解題]『内村鑑三研究資料集成』全九巻、クレス出版、二〇一五
[訳注・解説]『余はいかにしてキリスト信徒となりしか』岩波書店（文庫）、二〇一七
[著書]『内村鑑三交流事典』ちくま書房（文庫）、二〇二〇
[解説・注記]『キリスト信徒のなぐさめ』岩波書店（文庫）、二〇二一

内村鑑三年譜

本「年譜」は『内村鑑三の人と思想』(岩波書店、二〇一二)に付したものを修正したものである。年齢は数え年。

一八六一年(万延二)　一歳

三月二三日(万延二年二月一三日)、江戸小石川鳶坂上、高崎藩(藩主　松平右京亮大河内輝声)の武士長屋に生まれる。父は同藩藩士内村宜之、母はヤソ。長男。弟妹に達三郎(一八六五年生)、道治(一八七一年生)、ヨシ(一八七六年生)、順也(一八八〇年生)(ほかに三人早世)。

一八六五年(慶応元)　五歳

七月一五日、祖父長成死去。
一〇月一一日(八月二二日)、父宜之、禄高五十石御馬廻役の家督を継ぐ。

一八六七年(慶応二・三)　七歳

一月一九日、父宜之、洋式に軍制改革をはかり、御側頭取兼徒士頭の職を解かれ高崎に謹慎となる。
一月二九日、家族と高崎に移る。

一八六九年（明治二）　九歳
二月五日、父宜之、陸前国牡鹿、桃生、本吉三郡権判県事の辞令を東京で受け、五月一七日、石巻に単身赴任。
九月二三日、父宜之、石巻県少参事に任ぜられる。
一〇月二〇日、家族石巻に移る。

一八七〇年（明治三）　一〇歳
二月二四日、父宜之、陸前国本吉郡北方総轄に任ぜられ気仙沼に移る。
一一月一八日、石巻県、登米県に併合され、父宜之、登米県少参事に任ぜられ石巻に移る。

一八七一年（明治四）　一一歳
七月一一日、父宜之、登米県少参事を依願免職。七月二二日、高崎に帰る。七月二四日、父宜之、高崎藩（七月より県）少参事に任ぜられる。
一〇月二八日、父宜之、廃県により県貫属になる。

一八七二年（明治五）　一二歳
五月六日、父宜之、解官。

一八七三年（明治六）　一三歳
三月、上京し赤坂の有馬私学校英学科に入学。

一八七四年（明治七）　一四歳
三月、東京外国語学校（のち東京英語学校、東京大学予備門）英語学下等第四級に編入。同校には、英語教師にM・M・スコット、学生に加藤高明、末松謙澄、高田早苗、佐藤昌介、渡瀬寅次郎、大島正健、田中館愛橘、石川千代松、宮部金吾、穂積八束、太田（新渡戸）稲造、市島謙吉、天野為之、山県悌三郎らがいた。

一八七五年（明治八）　一五歳
このころ、病気により東京英語学校を休学する。

一八七六年（明治九）　一六歳
五月二八日、一家、東京小石川仲町二三番地に移る（のち小石川区上富坂町に移転）。

一八七七年（明治一〇）　一七歳
七月二七日、開拓使付属札幌農学校第二期生として入学許可。同級生に、岩崎行親、太田（新渡戸）稲造、佐久間信恭、宮部金吾、広井勇、町村金弥、南鷹次郎ら。第二期生全員は芝の開拓使御用宿植木屋で一カ月の合宿を行なう。このとき、岩崎行親、太田稲造、宮部金吾の三人とともに立行社を結成。
八月二七日、開拓使御用船玄武丸に乗船、八月二八日、品川を出港、小樽に向かう。
九月三日、札幌着。九月一五日、授業開始。まもなくW・S・クラークの残した禁酒禁煙の誓約書に署名。

一〇月一日、札幌農学校生の結社開識社に入会。一〇月八日、開識社の会合で"Great results can not come from accident & opportunity but from hard labors"と題し英語演説。一二月一日、クラークの残した「イエスを信ずる者の契約」に署名（宮部金吾によると一一日）。一二月二日、開識社の会合で「国家の独立はその国民の胆勇にもとづく」と題し演説。

この年、家督を相続する。

一八七八年（明治一一）　一八歳

三月二三日、開識社の会合で"Rise & progress of the nation"と題し英語演説。

四月二七日、開識社の会合で「平語ヲ用ユベキ説」と題し演説。

六月二日、メソヂスト監督教会宣教師M・C・ハリスより、足立元太郎、太田稲造、高木玉太郎、藤田九三郎、広井勇、宮部金吾とともに受洗。六月八日、開識社の会合で"My struggle in Sapporo and its result"と題し英語演説。

七月三日、札幌農学校演芸式（修了式）で「魯西亜悪ムヘカラス」と題し演説。七月一四日～一六日、級友らと定山渓に行く。

一〇月六日、開識社の会合で"Importance of many scientific persons in Japan"と題し英語演説。

一二月一日、メソヂスト監督教会に入会。

一八七九年（明治一二）　一九歳

三月一二日、太田稲造、広井勇、藤田九三郎、宮部金吾と札幌岳に登る。

四月二六日、開識社の会合で「肺病論」と題し演説。

夏、東京の家に滞在。

一〇月一一日、開識社を退会。

一八八〇年（明治一三）　二〇歳

二月、「米の滋養分」を『農業叢談』一号に発表。

七月下旬、広井勇、宮部金吾らと定山渓に行き四日間滞在。

夏、札幌農学校付属農場の排水管設置のため、藤田九三郎と測量の賃労働に従事。

一八八一年（明治一四）　二一歳

一月九日、大島正健、渡瀬寅次郎らとともに教会（のちの札幌独立基督教会）の建設委員になる。

七月九日、札幌農学校を卒業。卒業演説「漁業モ亦学術ノ一ナリ」を行ない、卒業生を代表し告別の辞を述べる。七月二七日、「開拓使御用係准判任」の辞令を受ける。

一〇月八日、東京からの帰途、第一回函館基督信徒親睦会に出席し演説。一〇月一三日、足立元太郎、太田稲造、広井勇、藤田九三郎、内村達三郎の六人で一軒家を借り同居。一〇月一六日、南二条西六丁目に家屋を購入して教会（通称白官邸）とし最初の礼拝を行なう。一〇月二三日、札幌ＹＭＣＡを結成、副会長になる。一〇月二六日、石狩川の漁業視察に一二日間出張。

一一月一二日、札幌ＹＭＣＡの開会式を行なう。この月より一二月にかけて幌別地方に一八日間出張、サケ漁の調査に従事。

一八八二年（明治一五）　二二歳
一月八日、教会（前年一〇月購入）の献堂式をあげ、「帆立貝とキリスト教との関係」と題し講演。一月三一日、鱈漁業視察のため祝津に一週間出張。

二月八日、開拓使廃止にともない札幌県御用係になる。

三月六日、南二条西六丁目の教会内に移る。この月、「千歳川鮭魚減少の源因」を『大日本水産報告』一号に発表。以後、同紙に論文を数多く発表。

四月一三日、水産博覧会札幌県出品委員に任命。四月一四日、出品物収集のため、室蘭、十勝方面に二五日間出張。

九月四日、祝津でアワビの生殖実験を開始（一〇月下旬、アワビの卵子を発見）。

一〇月、「札幌県鮑魚蕃殖取調復命書并ニ潜水器使用規則見込上申」を札幌県に提出。

一二月一四日、水産博覧会出品物輸送のため小樽を出港（函館で出品物をまとめ上京）。一二月二八日、東京でメソヂスト監督教会宣教師ソーパーに会い、同教派から借用した教会建築資金の残金を返済。

一八八三年（明治一六）　二三歳
二月一七日、東京生物学会に入会。二月二四日、大日本水産会で「漁業ト気象学ノ関係」と題し演説。
四月二二日、病気療養を理由に札幌県に辞表提出。
五月八日、第三回全国基督信徒大親睦会に札幌教会を代表して出席（～一二日）。五月九日、浅草井生村楼で「空ノ鳥ト野ノ百合花」と題し講演。五月三〇日、大日本水産会で「北海道鰊漁ノ未来」と題し発表。

六月三日、札幌県に辞表受理される。六月七日、津田仙と熱海に行く。この月、津田仙の学農社農学校教師になる。また、工部大学校渥美貞幹、築地大学校石本三十郎と基督信徒学生会を結成。

八月一二日、静養のため伊香保に向かう途中、安中教会（牧師海老名弾正）に出席。八月一五日、安中教会で講演。このころ同教会の会員浅田たけを知る。八月一九日、伊香保教会で説教。

九月八日、東京基督教徒学生会でダーウィンの言行録につき演説。

一一月一七日、東京生物学会で「漁猟学ト生物学トノ関係」につき発表。一一月三〇日、「ダーウヰン氏の伝」を『六合雑誌』三九号に発表。

一二月一四日、農商務省農務局水産課に勤め、水産慣行調を担当し日本水産魚類目録の作成に従事。

一八八四年（明治一七）　二四歳

一月二六日、大日本水産会で「石狩川鮭魚減少ノ源因」と題し発表。一月三〇日、「ダーヴヰン氏小伝ニ対スル疑問ニ答ヘ并セテ進化説ヲ論ス」を『六合雑誌』四一号に発表。

二月一五日、浅田たけと婚約結納を交わす。

三月二八日、浅田たけと上野池之端長酡亭でM・C・ハリスの司式により結婚式を挙げる。

四月一九日、東京生物学会で「ダルウイン氏ノ行状」と題し発表。

五月一三日、北海道、新潟へ出張のため横浜を出港。五月一五日、札幌着。五月二九日、新潟着。

六月六日、佐渡に渡り水産調査。六月二二日、安中教会に出席。

七月二九日、三〇日、水産調査のため榛名湖へ出張。

九月、このころ東京大学動物学研究室で「日本産脊椎動物目録」の作成にしたがう。

一〇月二日、「豚種改良論」を『六合雑誌』四七号に発表。一〇月一八日、東京生物学会で「奇ナル鮫ヲ見ル」と題し発表。このころ、たけ、安中の実家に別居（正式離婚は一八八九年）。この月、農商務省を辞職。

一一月六日、シティ・オブ・トウキョウ（City of Tokyo）号でアメリカへ向け出航。一一月二四日、サンフランシスコ港着。

一二月五日、鉄道でユタ州オグデン、シカゴを経て、ペンシルヴァニア州イリー着。ミードヴィルにM・C・ハリスの妻フローラを訪ね、同地に一〇日間滞在。一二月一五日、フィラデルフィアに行き、W・モリスを訪ねる。一二月一八日、エルウィンのペンシルヴァニア知的障碍児養護院院長I・N・カーリンと会う。同院に滞在。

一八八五年（明治一八）　二五歳

一月一日、エルウィンのペンシルヴァニア知的障碍児養護院の看護人になる。一月二三日、フィラデルフィアにモリスの妻を訪ね、同地のフレンド女性外国伝道協会で演説。

二月二七日、フイラデルフィアにモリスの妻を訪ねフレンド女性外国伝道協会で演説。

三月七日、フィラデルフィアにモリスの妻を訪ねる。

四月一〇日、フィラデルフィアにサイルを訪ね、同地で日本事情につき講演。四月一五日、たけ、長女ノブを出産。

五月八日、フィラデルフィアに行きアメリカ来訪中の新島襄と会う。

六月六日、ペンシルヴァニア知的障碍児養護院院長カーリンに従いワシントンに行き、六月八日、慈善矯正全国会議第一二回年会に出席し演説。六月一〇日、カーリンとともにアメリカ大統領クリーヴランドと会見。ワシントン滞在中、D・C・ベルと出会う。六月二〇日、フィラデルフィアのフレンド女性外国伝道協会の会合に新渡戸稲造と出席、日本の状況を語る（同協会の日本伝道の契機となる）。

七月二七日、エルウィンを去り、八月末までマサチューセッツ州グロースター、ハイドパークに滞在する。新島襄の勧めに従い、アマスト大学入学を決意する。

九月七日、アマスト着。九月八日、アマスト大学学長シーリー、元札幌農学校教頭W・S・クラークを訪ねる。九月一〇日、アマスト大学に選科生として入学。

一〇月一三日〜一六日、ボストンで開催されたアメリカン・ボード第七回年会に出席。

一八八六年（明治一九）　二六歳
一月、グロースターで書いた論文"Moral traits of the YAMATO-DAMASHII"を*The Methodist Review*に発表。

三月八日、回心を体験。

四月二二日、"The Missionary Work of William S. Clark"を*The Christian Union*に発表（クラークは三月九日死去）。この月、"Japanese Poetry"を*The Amherst Literary Monthly*に発表。

七月一日、エルウィンのペンシルヴァニア知的障碍児養護院に行く。同院の道路工事の測量に従い、夏期休暇を過ごす。

一二月三〇日、ボストンに行き、ハーヴァード大学留学中の宮部金吾のもとで年末年始休暇を過ごす。

一八八七年（明治二〇）　二七歳

六月二九日、アマスト大学を卒業、理学士（Bachelor of Science）の称号を受ける。六月三〇日、ノースフィールドで開催されたD・L・ムーディの夏期学校に出席。

七月下旬、ニューハンプシャー州ネルソンにあるアマスト大学同級生E・N・ハーディの家を訪ねる。

九月一三日、コネチカット州にあるハートフォード神学校に入学のためアマストを去る。

一二月二三日、ペンシルヴァニア知的障碍児養護院に行き、クリスマス休暇を過ごす。

一八八八年（明治二一）　二八歳

一月二日、フィラデルフィアにモリス宅訪問。一月末、病気のためハートフォード神学校を退学。ペンシルヴァニア知的障碍児養護院で静養。

三月初旬、ペンシルヴァニア州カライルにあるR・H・ブラットのアメリカ・インディアン学校を見学。三月一〇日、ニューヨークを出航。パナマ地峡を鉄路横断し、三月二一日、パナマ港を出港しサンフランシスコに向かう。

四月九日、サンフランシスコ港に着き、ハリス夫妻に迎えられる。四月二一日、英国船パーシャ号に乗り、サンフランシスコを出港、帰国の途に就く。

五月一六日、帰国。

六月六日、新潟に行き、北越学館館主加藤勝弥と同館教頭として就任の「約定書」をかわす。六月三〇日、番町教会で講演。

七月一八日、東京婦人矯風会北部部会で「慈善なる貴婦人方に、下宿屋料理屋を設けられんことを勧む」と題し講演。

八月七日、東京婦人矯風会西部部会で「クリスチャン、ホーム」と題し講演。八月二三日、北越学館赴任のため新潟に向かう。

九月一〇日、北越学館始業式で仮教頭として就任演説。

一〇月一五日、北越学館発起人および校友に宛て意見書を送る。

一二月一八日、北越学館を辞し新潟を去る。一二月二一日、帰京。

一八八九年（明治二二）　二九歳
一月三〇日、学農社の同窓親睦会に出席。

三月、東洋英和学校、水産伝習所の教師となる（～一八九〇年八月）。

四月二九日、大日本水産会で「水産学並ニ水産学校」と題し講演。

五月一四日、たけと正式離婚。五月中旬、神奈川県橘樹農談会で「農業と社会改良との関係」と題し講演。

六月一五日、霊南坂の第一基督教会で「言葉に付て」と題し講演。六月二二日、明治女学校文学会で「文学における聖書の価値」につき講演。六月三〇日、「余の酒を飲まざる理由」を『日の丸』一巻二号に発表。

七月一五日、「農業と社会改良との関係」を『農業雑誌』三四三号に発表。七月三一日、高崎の横浜かずと結婚。

九月一一日、明治女学校開業式で女子教育につき講演。

一〇月六日、一番町教会（牧師植村正久）の夕拝で説教。

一一月四日、東洋英和学校の天長節祝会で講演。一一月二四日、一番町教会で「人生の目的」と題し講演。

この年、農商務省で日本産魚類目録の作成にしたがう。

一八九〇年（明治二三）　三〇歳

一月二二日、第一高等中学校基督教青年会で「米国に於ける教育の一問題」と題し講演。

二月二二日、水産伝習所第一回卒業式に出席。

三月～五月、腸チフスにかかり入院、来日中のW・モリス夫妻の見舞いを受ける。

五月二三日、このころ病気静養のため鎌倉に行く。

七月一日、精神病院設立委員に選ばれる。七月一二日、基督教青年会第二回夏期学校の親睦会、品川の観桜館で開催され、キリスト教と学術の関係につき講演。

八月三日～二九日、水産伝習所の実習のため千葉県朝夷郡白浜村に行き、学生田岡佐代治（嶺雲）らを指導。この間、神田吉右衛門と会う。

九月二日、第一高等中学校嘱託教員に就く。

一一月一〇日、第一高等中学校基督教連合青年会の洛陽会に出席。

一八九一年（明治二四）　三一歳

一月八日、札幌教会に退会を通告。一月九日、第一高等中学校教育勅語奉読式行なわれ、「不敬事件」を起こす。一月二九日、インフルエンザで静養中のため教員木村駿吉、教育勅語に「代拝」。

一月三一日、第一高等中学校に辞表提出。

二月三日、第一高等中学校嘱託教員を依願解嘱となる。

四月一四日、妻かず、病床で横井時雄から受洗。四月一九日、妻かず死去（二一日葬儀）。

五月一〇日、札幌に新渡戸稲造を訪問、同地に約一カ月間滞在し静養。五月九日、札幌農学校クラス会に出席。

六月六日、札幌から帰京。六月一二日、「北海の禁酒島」を『基督教新聞』四一一号に発表。六月一四日、本郷教会（牧師横井時雄）で旧約聖書エレミヤ記の講義を開始。六月二六日、「ウィスター、モリス氏に関する余の回顧」を『基督教新聞』四一三号に発表、以後、同紙に度々寄稿。

七月九日、新潟県高田の弟達三郎の家に行き滞在（～八月）。

九月六日、本郷教会で旧約聖書ルツ記の講義を開始。

一〇月一六日、「仙台東華学校外国教師辞職ニ付余ガ感ヲ述」を『基督教新聞』四二九号に発表。一〇月一八日、本郷教会で旧約聖書士師記の講義を開始。一〇月二四日、“An Unsuccesshul Experiment in Japanese Missions”を *The Japanese Weekly mail* に発表。

このころ、シカゴで一八九三年開催予定の万国博覧会委員E・S・ウイリアムズの案内役をつとめる。

一一月二日、本郷中央会堂で開かれた濃尾地震救恤慈善音楽会で「地震と神の摂理」と題し講演。一一月一五日、「我が信仰の告白」を『六合雑誌』一三一号に発表。

一二月一一日、「旧友蔵原氏を迎ふ」を『基督教新聞』四三七号に発表。一二月一五日、「ダンテとゲーテ」を『六合雑誌』一三二号に発表。一二月一七日、“A Temperance Island of the Pacific”を *The Advance* に発表。一二月一八日、本郷中央会堂で開催された基督教大演説会で「二個の確信」と題し講演。同日、「宗教記者の信仰告白に関する批評を読む」を『基督教新聞』四三八号に発表。一二月二〇日、本郷会堂で旧約聖書サムエル前書を講義。一二月二五日、「簡易なる慈善」を『基督教新聞』四三九号に発表。一二月二六日、日本組合基督教教会京橋講義所（京橋会堂）のクリスマス祝会に出席。

一八九二年（明治二五）　三二歳

一月一六日、東京基督教青年会寄宿舎開館式で講演。この月、京橋講義所で毎日曜日朝拝の聖書講義、夕拝の説教の担当となる。一月下旬、病気療養のため兵庫県地方に行く（〜二月上旬）。

二月五日、"Japan's future as conceived by a Japanese [Japan: its mission]" を *The Japan Daily Mail* に発表。二月二〇日、暁星園一周年記念会で演説。

三月一三日、本郷会堂で「ユニテリアン教とオルソドックスの区別」と題し演説。三月一八日、「理想的伝道師」を『基督教新聞』に連載（〜四月一五日）。

四月一日、大阪で開催された日本組合基督教会第七回総会に出席。四月三日、小崎弘道と大阪教会で講演。四月一五日、「日本国の天職」を『六合雑誌』一三六号に発表。四月二二日、「現今我国に於て基督教の振はざる一大原因」を『基督教新聞』四五六号に発表。

五月二日、番町教会で「ジヨン・ボンヤンの宗教」と題し講演。五月六日、横井時雄、綱島佳吉、原田助とともに『基督教新聞』編輯員になる。五月八日、霊南坂教会で講義。

七月一五日、「合理的リバイバル」を『基督教新聞』四六八号に発表。七月二五日、千葉県竹岡に行き、約一カ月滞在。

八月二五日、千葉県竹岡に天羽基督教会を設立、八月二八日帰京。

九月二日・九日、「未来観念の現世に於ける事業に及ぼす勢力」を『基督教新聞』四七五、四七六号に発表。九月七日、大阪の泰西学館に教師として着任。まもなく大阪高等英学校（のちの桃山学院）の教師兼任。九月一五日、「コロムブス文学」を『六合雑誌』一四一号に発表。

一〇月一五日、「コロムブスの功績」を『六合雑誌』一四二号に発表。一〇月二四日、『未来観念の現世に於ける事業に及ぼす勢力』を警醒社書店より刊行。

一一月一五日、「米国発見事業の事務官ピンゾン兄弟」と「誤解人物の弁護」を『六合雑誌』一四三号に発表。一一月一九日、大阪基督教青年会館で開かれた万国婦人矯風会のＭ・Ａ・ウェストの歓迎会に出席。

一二月二三日、京都の判事岡田透の娘しづと結婚。

一八九三年（明治二六）　三三歳

一月八日、大阪教会老松講義所で日曜学校を開始。

二月二五日、『基督信徒の慰』を警醒社書店より刊行。二月二七日、『紀念論文　コロムブス功績』を警醒社書店より刊行。

三月一五日、「文学博士井上哲次郎君に呈する公開状」を『教育時論』二八五号に発表。

四月下旬、泰西学館を辞し、熊本英学校教師として赴任（～七月一一日）。

七月一七日、基督教青年会第五回夏期学校、須磨で開催され、「学生と新聞紙」と題し講演。

八月八日、『求安録』を警醒社書店より刊行。八月一六日、京都に移り住む。

一〇月六日、関西学院基督教青年会で「吾人ハ如何ニシテ自己ノ天職ヲ知ルベキ乎」と題し講演。

一〇月一五日、「六合雑誌記者に申す」を『六合雑誌』一五四号に発表。一〇月二九日、東京基督教青年会で「宗教思想の土台」と題し講演。

一一月、*How I Became a Christian* を脱稿。

一二月二日、『聖書之友』京都大会で大島正健と講演。一二月一五日、『貞操美談　路得記』を福音社より刊行。

一八九四年（明治二七）　　三四歳

一月一四日、第三高等中学校基督教青年会で日曜学校を開き聖書講義を行なう。

二月一〇日、『伝道之精神』を警醒社書店より刊行。

三月一九日、娘ルツ生まれる。

五月一〇日、『地理学考』（一八九七年『地人論』と改題）を警醒社書店より刊行。

六月一三日、「露国美術家ニコライ、ガイ」を『国民之友』二二九号に発表。

七月一日、京橋会堂で説教、七月八日も同所で説教。七月一三日「豈惟り田村氏のみならんや」を『国民之友』二三二号に発表。七月一四日、基督教青年会第六回夏期学校に講師として参加のため箱根に行く。七月一五日、「基督信徒の特徴」を『六合雑誌』一六三号に発表。七月一六日、一七日、箱根で開催された第六回夏期学校で「後世への最大遺物」と題し講演。七月二七日、「世界歴史に徴して日支の関係を論ず」を『国民新聞』に発表。

八月一一日、"Justification for the Korean war" を *The Japan Weekly Mail* に発表。八月一五日、京都下立売の公道館で「日清戦争の原因」につき講演。「世界の気候は炎熱を加へつゝある乎」を『国民新聞』に発表。八月二三日、「流竄録」を『国民之友』二三三号より連載（〜二五一号、一八九五年四月二三日）。八月二四日、「時事雑評二三」を『基督教新聞』五七八号に発表。

九月三日、「日清戦争の義」（訳文）を『国民之友』二三四号に発表。「日蓮上人を論ず」を同号より連載（〜二三七号、一〇月三日）。

一〇月三日、「日清戦争の目的如何」を『国民之友』二三七号に発表。

一一月一一日、第三高等中学校基督教青年会で講話。一一月二四日、*Japan and the Japanese* を民友社より刊行（一九〇八年、*Representative Men of Japan* と改題）。

一八九五年（明治二八）　三五歳

一月二三日、「精神的教育を論ず」を『国民之友』二四五号に発表。

五月一〇日、*How I Became a Christian* を警醒社書店より刊行。

六月一三日、「農夫亞壓士の言」を『国民之友』二五三号に発表。六月一五日、「宗教の必要」を『六合雑誌』一七四号に発表。

七月一三日、「何故に大文学は出ざる乎」を『国民之友』二五六号に発表。

一〇月一二日、一九日、「如何にして大文学を得ん乎」を『国民之友』二六五、二六六号に連載。

一一月、*How I Became a Christian* のアメリカ版 *Diary of a Japanese Convert* をシカゴの Fleminng H. Revell 社より刊行。

一二月四日、キリスト教教義月曜学校を始める（〜一八九六年二月）。

一八九六年（明治二九）　三六歳

一月四日、「楽しき生涯」を『国民之友』二七七号に発表。

二月二二日、「寒中の木の芽」を『国民之友』二八四号に発表。

四月、吉野に花見に行く。

五月一九日、石井十次の岡山孤児院を訪ねる。

六月三日、国木田独歩を京都に招く。六月八日、関西学院基督教青年会で講演。

七月七日～一七日、基督教青年会第八回夏期学校、興津で開催され、八日からカーライルにつき連続講演を行なう。正宗白鳥も出席。七月二五日、「西洋文明の心髄」を『世界之日本』創刊号に発表。

八月一四日、「問答二三」を『福音新報』五九号に発表。八月一五日、「時勢の観察」を『国民之友』三〇九号に発表。八月二八日、関西学院基督教青年会夏期講習会の講師をつとめる（～九月三日）。

九月一〇日「世界の日本」を『世界之日本』四号に発表。九月一八日、名古屋英和学校教師として名古屋に赴任。

一一月一三日、「永世の希望」を『福音新報』七二号に発表。

一二月五日、『警世雑著』を民友社より刊行。一二月二五日、「寡婦の除夜」を『福音新報』七八号に発表。

一八九七年（明治三〇）　三七歳

一月二四日、霊南坂教会で説教。

二月一二日、黒岩周六（涙香）に招かれ『万朝報』英文欄主筆に就任のため上京。二月一六日、"Our new English editor"を『万朝報』に書き英文欄執筆を開始。

四月一八日、植村正久の牧する一番町教会の復活祭礼拝で「基督の復活を祝ふ席に臨みて」と題し講演。四月二〇日、「胆汁数滴」を『万朝報』に連載（～四月二九日）。

五月二日、千葉県東金の青年義会主催の講演会に田口卯吉と出席、「社会の改良策としての宗教の必要」につき講演。五月一五日、仙台の忠愛之友倶楽部に招かれ、五城館で「今日の日本」と題し講演。五月一六日、同倶楽部で「基督教信徒としての霊体験」と題し講演。

七月一五日、『夏期演説　後世への最大遺物』を便利堂書店より刊行。七月二五日、『愛吟』を警醒社書店より刊行。

八月六日、千葉県竹岡の天羽基督教会で講演。

一一月一二日、長男祐之生まれる。

一八九八年（明治三一）　三八歳

一月一〇日、東京基督教青年会館で毎月曜日夜、五回にわたる文学講演を開始（～二月七日）。

三月二八日、『月曜講演』を警醒社書店より刊行（一八九九年『宗教と文学』と改題）。

五月二一日、朝報社を退社。

六月一〇日、『東京独立雑誌』を創刊（「主筆内村鑑三、持主山県悌三郎」。～一九〇〇年七月）。

六月二六日、横浜クラブホテルで開催された内外新聞記者協会の会合に出席。

七月一一日～一四日、神奈川県葉山で開催された基督教青年会第一〇回夏期学校にのぞみ、一一日、「今日の困難」、一二日「今日に処するの道」、一三日「吾人の希望の土台」と題し講演。

八月二五日、静岡県江の浦に避暑のため滞在。

九月一〇日、牛込区矢来町に移る。

一〇月六日、小崎弘道の牧する霊南坂教会婦人会の演説会で「日本の家庭組織」と題し講演。一〇月一八日、東京基督教青年会館における「基督教神学講筵」で「神学研究の利益」と題し講演、同じく一〇月二五日、「聖書博物学、古物学、古代学」につき講演、同日、『小憤慨録　上』を少年園営業部より刊行。

一一月一日、『小憤慨録　下』を少年園営業部より刊行。一一月一五日、「文学士高山林次郎先生に答ふ」を『東京独立雑誌』一三号に発表。

一八九九年（明治三二）　三九歳

一月五日、『東京独立雑誌』の主筆兼持主になる。

二月一一日、仙台の忠愛之友倶楽部に招かれ、午前は五城館で「東北人士の天職」と題し、午後は同倶楽部で「基督教徒の俗化」と題し講演。

三月二一日〜二二日、藤沢、鎌倉、三浦半島に行く。三月二五日、「英和時事問答」を『東京独立雑誌』二六号より連載開始（〜四五号、一〇月五日）。この月、日本基督教会一番町教会婦人会で「カーライルの婦人観」と題し講演。

四月二三日、中央学生基督教青年会で「基督教信者変心の理由」と題し講演。四月二七日、長野県上田で「最大問題」と題し講演。四月二八日、善光寺を見る。

五月七日、『外国語之研究』を東京独立雑誌社より刊行。

七月、東京府豊多摩郡角筈村の女子独立学校校長に就任。

八月、角筈の女子独立学校内に移る。この月、日光に行く。

九月一五日、「興国史談」を『東京独立雑誌』四三号より連載（〜七一号、一九〇〇年六月二五日）。

一一月五日、社会教育演説会で「日本の今日」と題し講演。一一月一五日、『英和時事会話』を東京独立雑誌社より刊行。

一九〇〇年（明治三三）　四〇歳

一月一日、「新年に際し佐渡人士に告ぐ」を『佐渡新聞』に発表。

四月二二日、『宗教座談』を東京独立雑誌社より刊行。

七月五日、『東京独立雑誌』を七二号にて廃刊とし、七月一二日、東京独立雑誌社を解散する。七月二五日～八月三日、女子独立学校で夏期講談会を開催、講師に内村鑑三、大島正健、留岡幸助、松村介石。出席者に青木義雄、青山士、井口喜源治、荻原守衛、小山内薫、倉橋惣三、住谷天来、西沢勇志智、森本慶三ら。

八月一日、夏期講談会で、午前にペンシルヴァニア知的障碍児養護院のカーリン院長につき講演、午後に巣鴨にある留岡幸助の家庭学校を参加者とともに訪問。八月二日、参加者有志により独立倶楽部結成。八月一五日～二一日、長野県上田、小諸に行く。八月一五日、長野県上田の明倫堂で「人心の開拓を恥とせず」と題し講演。八月一九日、上田メソヂスト教会で説教。八月二〇日、小諸の懐古園湖月楼で「吾人の採用する道徳の種類」と題し講演。

九月一日、『偉人と読書』を山県図書館より刊行。九月一七日～二四日、京都、名古屋に行き、九月一九日、京都の平安教会で「社会改良の秘訣」と題し講演、九月二〇日は同志社公会堂、九月二二日は名古屋の久屋町の教会などでも講演。この間の九月一八日、『万朝報』に「帰来録」を掲げ同社に客員として再入社する。このころ聖書研究所を開設（一〇月中止）。九月三〇日、『聖書之研究』を創刊（実際には一〇月三日に刊行）。

一〇月一一日、『興国史談』を警醒社書店より刊行。一〇月一六日、長野県上田の神道事務局で「日本の将来と信州人の天職」と題し講演。一〇月一八日、小諸の光岳寺で学術演説会を開催。

一一月六日、千葉県木下町で開催された基督教矯風会演説会に松村介石、留岡幸助とともに招かれ

「富と徳」と題し講演。一一月一八日、札幌独立基督教会に再入会。

この年、『聖書之研究』は、毎月一回、四号（一二月二二日）まで刊行。

一九〇一年（明治三四）　四一歳

二月二二日、「洗礼晩餐廃止論」を『聖書之研究』六号に発表。二月二六日、明治女学校で講演。

三月一四日、『無教会』を創刊（〜一九〇二年八月）し、同号に「無教会論」を発表。このころ、自宅で聖書研究会を開く。三月一七日、綱島佳吉の牧する番町教会で「伝道の決心」と題し講演。

四月四日、数寄屋橋教会二五周年記念会で海老名弾正とともに講演。四月一六日、幸徳秋水著『帝国主義』のため「『帝国主義』に序す」を『万朝報』に発表（四月二〇日刊の同書に序文として掲載）。四月二一日、足利の友愛義団に巌本善治、木下尚江とともに招かれ、「社会改良の両面」と題し講演。四月二二日、木下尚江とともに足尾銅山鉱毒被害地を視察。四月二五日〜三〇日、「鉱毒地巡遊記」を『万朝報』に発表。

五月二〇日、長女ノブを、これまで養育していた浅田信芳（たけの兄）の養子とする。五月二一日、鉱毒調査有志会結成され委員の一人となる。五月二日、小諸に行き、五月二六日、小諸の光岳寺で「国家と宗教」と題し講演。

六月一〇日、『独立雑談』（独立叢書第一編）を聖書研究社より刊行。六月二一日、鉱毒調査有志会委員として被害地を田中正造の案内で視察。

七月二〇日、朝報社の黒岩周六、幸徳伝次郎（秋水）、山県五十雄、円城寺清、天城安政、堺利彦、斯波貞吉らと理想団を結成。発起集会で「理想団存在の理由」と題し講演。七月二五日〜八月三日、第二回夏期講談会を角筈女学校（前女子独立学校）で開催、講師に内村鑑三、留岡幸助、巌本善治、大島正健、田村直臣、出席者に浅野猶三郎、小山内薫、倉橋惣三、小出満二、斉藤宗次郎、志賀直哉、永島与八、益富政助、森本慶三ら。

八月二四日、千葉県香取神社境内で開催された理想団常総支部発会式に黒岩周六らと出席、「香取の杉の樹」と題し講演。

九月二〇日、「基督信徒と社会改良」を『聖書之研究』一三号に発表。九月二二日〜二四日、井口喜源治の主宰する長野県穂高の研成義塾で開催された信州穂高講談会に出席、「真理の攻究法」と題し、九月二二日「真理の攻究」、九月二三日「真理の特質」、九月二四日「基督教と真理」につき講演。九月二五日、松本で「信州に入るの理由」と題し講演。九月二六日、小諸に独立倶楽部結成され、同会合で「新時代の最大要求物」と題し講演。

一〇月八日、『基督信徒の特徴』を日本学生基督教青年会同盟より刊行。一〇月一一日、理想団千葉支部の発会式に黒岩涙香、佐治実然とともに出席。夜「理想団は何である乎」と題し講演。一〇月一七日〜二三日、札幌独立基督教会で講演、一〇月一八日、「独立教会の過去現在未来」、一〇月二〇日の朝、夜ともに説教、一〇月二一日「学問の目的」、一〇月二二日「精神的教育とは何ぞ」、二三日「我等の基督教」など。

一一月一日、東京基督教青年会館で開かれた足尾鉱毒演説会で安部磯雄、巌本善治、木下尚江、島田三郎と講演。一一月三〇日、足尾銅山鉱毒被害地を訪ねる。

一二月一二日、東京基督教青年会館で開かれた足尾鉱毒演説会で巌本善治、黒岩周六、幸徳伝次郎、佐治実然、三宅雄二郎と講演。一二月一九日、「余の従事しつゝある社会改良事業」を『万朝報』に連載始める（〜一二月三〇日）。一二月二七日、学生の鉱毒地視察修学旅行団とともに現地視察。

この年、『聖書之研究』は、毎月一回、五号（一月二二日）〜一六号（一二月二〇日）を発行。

一九〇二年（明治三五）　四二歳

一月三日、千葉県『聖書之研究』読者会に出席。一月一二日、理想団浦和支部発会式に出席し演説。一月二七日、『万朝報』三千号記念祝会に出席。

二月一〇日、理想団有志晩餐会で「宗教観」と題し演説。二月一一日、理想団久良岐（神奈川県）支部発会式に黒岩周六と出席し「理想団宣言書の註解」と題し講演。二月一七日、「日英同盟に関する所感」を『万朝報』に発表（〜二月一九日）。

三月二日、東京基督教青年会館で「聖書の研究と社会改良」と題し講演。三月一六日、東京基督教青年会理事会において聖書講義を行なう。三月二六日、上田の独立倶楽部で演説。三月二八日、理想団小諸支部発会式で講演。

四月二日、東京基督教青年会館で開かれた鉱毒問題解決演説会で巌本善治、木下尚江、島田三郎らと講演。四月二〇日、惟一館で「聖書研究の必要」と題し「日曜演説」。四月二一日、永島与八に招かれ群馬県西谷田村の鉱毒被害地を訪ね演説。

五月二一日、理想団演説会のため黒岩周六と小諸に行き、光岳寺で「宗教と経済」と題し講演。同じく五月二二日、上田の月窓寺で講演し、明倫堂で開かれた理想団小県支部発会式に出席。また小諸義塾でも講演。五月二八日、『独立清興』（独立叢書第二編）を警醒社書店より刊行。

六月二一日、「田中正造翁の入獄」を『万朝報』に発表。

七月二五日〜八月三日、第三回夏期講談会を角筈の精華女学校（前角筈女学校）で開催、講師に内村鑑三、大島正健、黒岩周六、津田仙、田村直臣、山県五十雄。出席者に青山士、有島武郎、魚住影雄（折蘆）、大賀一郎、小山内薫、鹿子木員信、倉橋惣三、斉藤宗次郎、志賀直哉、田中竜夫、森本慶三ら。

八月五日、『無教会』を第一八号をもって廃刊する。八月六日、高畑和助とともに大井川を上り、榛原郡中川根村上長尾に行き「日本今日の困難」と題して語る。八月二四日、理想団忍（埼玉県）支部発会式に黒岩周六、幸徳秋水と出席。

九月四日～一八日、札幌に伝道。九月七日、札幌独立基督教会で「実力の宗教」と題し説教。九月九日、小樽日本基督教会で「札幌独立基督教会設立当時の理想」と題し講演。九月一二日、理想団札幌支部発会式に出席。九月一四日、札幌独立基督教会で「希望の宗教」と題し説教。九月一五日、同教会で「如何にして基督信徒たるを得ん乎」と題し講演。九月一七日、同教会で「基督教と愛国心」と題し講演。帰途、室蘭、青森を経て、九月二一日、仙台の東北学院で講演。九月二二日、平で講演。

一〇月一〇日、芝の高輪仏教大学で「予の宗教的生涯の一斑」と題し講演。一〇月一二日、埼玉県本庄町で開かれた理想団演説会で演説。

このころ角筈聖書研究会は会員二五人に限り開講され、旧約聖書サムエル記、伝道之書を講義。

一二月二六日～二七日、足尾銅山鉱毒被害地に『聖書之研究』読者のクリスマス寄贈品を届けるため現地を訪ね、田中正造の案内で巡廻。この月、東京禁酒会に入会。

この年、『聖書之研究』は、一七号（一月二五日）から二六号（一〇月二五日）までは毎月一回、二七号（一一月一〇日）から三〇号（一二月二五日）までは毎月二回発行。

一九〇三年（明治三六）　四三歳

一月一日、『角筈パムフレット第一　如何にして基督信者たるを得ん乎』を聖書研究社より刊行。

二月七日、自由投票同志会で「自由伝道と自由政治」と題し講演。

三月二二日、『角筈パムフレット第二　基督教は何である乎』を聖書研究社より刊行。三月二六日、「基督教と社会主義」を『聖書之研究』三六号に発表。

四月二日、長野県上田独立倶楽部の演説会で「宗教の必要」と題し講演。四月一二日、惟一館で「再び聖書の研究に就て」と題し「日曜演説」。四月一九日、横浜の海岸教会で「余の伝道の実験」と題し講演。四月二五日、数寄屋橋教会で開催された朝報社有志講演会に黒岩周六、幸徳伝次郎と出席し、「天然と道徳」と題し講演。

五月九日、数寄屋橋教会で開催された朝報社有志講演会に堺利彦、斯波貞吉と出席し、「進化論と歴史」と題し講演。五月一一日、東京基督教青年会館で開催された東北地方凶歉救済演説会に本多庸一、中田重治、矢島楫子らと出席し「飢饉の福音」と題し講演。

六月一三日、朝報社有志講演会に黒岩周六、中島気峥と出席し、「富と徳」と題し講演。六月三〇日、「戦争廃止論」を『万朝報』に発表。

七月一一日、理想団土浦支部発会式に黒岩周六、幸徳伝次郎とともに出席し「社会は如何にして改良さるべき者なる乎」と題し講演。七月一八日、静岡市の『聖書之研究』読者会に出席。七月一九日、静岡メソヂスト教会で「世の生命」と題し説教。

八月二日、「不敬事件と教科書事件」を『万朝報』に発表。

九月一三日、角筈聖書研究会を一時解散とする。九月一四日、理想団有志晩餐会の席上で日露間の開戦論者に対し非戦を主張。九月一九日～二一日、長野県研成義塾で三回の講演を行なう。

一〇月九日、非戦論のため、幸徳伝次郎、堺利彦とともに朝報社を退社。一〇月一二日、「退社に際し涙香兄に贈りし覚書」を『万朝報』に発表。一〇月一五日、『角筈パムフレット第三　国家禁酒論』を聖書研究社より刊行。一〇月一七日、牛込教会で「教育と膨張」と題し講演。一一月二三日、田村直臣の自営館巣鴨会館献堂式に出席し演説。

一一月八日、『角筈パムフレット第四　小供の聖書』を聖書研究社より刊行。

一二月一二日、清新会講演会（朝報社有志講演会の改名）に斯波貞吉、松井柏軒、山県五十雄と出席し「廿世紀の戦争」と題し講演。一二月一九日～二〇日、花巻に斉藤宗次郎を訪ねる。一二月三〇日、『基督教講演集　第壱集』を警醒社書店より刊行。

この年、『聖書之研究』は、三一号（一月一五日）から四〇号（五月二八日）までは毎月二回、四一号（六月一一日）から四七号（一二月一七日）までは毎月一回発行。

一九〇四年（明治三七）　　四四歳

一月三日、静岡県堀の内の富士合資会社製茶所で講演。

二月五日、『角筈パムフレット第五　日本国の大困難』を聖書研究社より刊行。二月一四日、“Thoughts on the war”を *The Kobe Cronicle* に発表、以後同紙に非戦論関係の論文を度々寄稿。

このころには角筈聖書研究会を再開。

三月三一日、日本連合基督信徒連合会で「聖書の研究に就て」と題し演説。

四月五日、“War in the Nature”を *The Kobe Cronicle* に発表。四月一一日、『角筈パムフレット第六　聖書は如何なる書である乎』を聖書研究社り刊行。四月一三日、“War in History”を *The Kobe Chronicle* に発表。四月二一日、「戦時に於ける非戦主義者の態度」を『聖書之研究』五一号に発表。四月二三日〜二七日、福島県に伝道。

このころ *How I Became a Christian* のドイツ語訳 *Wie ich ein Christ wurde* がドイツのグンデルト書店より刊行される。

六月一〇日、青山学院基督教青年会で「聖書は何を教ふるか」と題し講演。六月一九日、静岡県袋井で開かれた学術講話会で「予が見たる二宮尊徳翁」と題し講演。

七月一五日、山梨県日下部メソヂスト教会で「近時に於ける非戦論」と題し講演。

八月一日、横須賀に行き「基督信徒処世の方針」と題し講演。八月五日、『約百記』（角筈聖書巻之壱）を聖書研究社より刊行。八月一五日〜二〇日、小山内薫と長男祐之をともない鎌倉に滞在。

八月二八日、埼玉県杉戸町清地教会で「信仰と行ひ」と題し講演。

九月二二日、「予が非戦論者となりし由来」を『聖書之研究』五六号に発表。

一〇月二〇日、「非戦主義者の戦死」を『聖書之研究』五七号に発表。一〇月三一日、母ヤソ巣鴨の精神病院に入院。

一一月六日、東京基督教青年会館で「聖書の真髄」と題し講演。一一月一一日、母ヤソ死去。

一二月四日、埼玉県杉戸町清地教会で「道徳以上の宗教」と題し講演。一二月一八日、茨城県土浦の基督友会伝道所で「基督教とは何ぞや」と題し講演。

この年『聖書之研究』は、毎月一回、四八号（一月二一日）から五九号（一二月二二日）まで刊行。

一九〇五年（明治三八）　四五歳

一月二九日、本郷教会の女子高等師範学校生主催の会合で講演。一月三〇日、日本バプテスト教会独立満十年記念祝賀会で「教会独立論」と題し講演。

二月一七日、『基督教問答』（角筈雑書巻之壱）を聖書研究社より刊行。二月～三月、角筈聖書研究会で旧約聖書ダニエル書を講演。

四月一六日、本郷教会で「神の智慧と人の智慧」と題し講演。四月二三日、レバノン教会で「基督教の事実」と題し講演。四月二五日～五月二日、北越地方に伝道、四月二八日、新潟白山公園内偕楽園で「日本人の研究」と題し講演。小諸を経て帰京。

五月一一日、植村正久、小崎弘道、柏井園とともに聖書の改訳事業を始める。

六月一〇日、『聖書之研究』を『新希望』と改題。

九月二日～六日、小諸に伝道、四日、浅間山登山を試みる。

このころ、『聖書之研究』の読者組織、教友会が、柏崎、大鹿、上田に結成され、のち、東京、鳴浜、小諸、花巻、木島、東穂高、下野などにも設けられる。

一〇月一〇日、「平和成る」を『新希望』六八号に発表。

一一月一〇日、「日露戦争より余が受けし利益」を『新希望』六九号に発表。一一月二五日、東京教友会設立。

一二月、このころ *How I Became a Christian* のフィンランド語訳 *Miienkä minusta tuli Kristitty* およびスウェーデン語訳 *Hura jag blef Kristen* 刊行される。

この年、『聖書之研究』は、毎月一回、六〇号（一月二〇日）から六三号（四月二〇日）まで、改題した『新希望』は、六四号（六月一〇日）から七〇号（一二月一〇日）まで発行し、五月は休刊とした。

一九〇六年（明治三九）　四六歳

一月一〇日、聖書改訳委員を辞任。この月から二月にかけて病気のため『新希望』の編集を小山内薫と倉橋惣三に委ねる。

三月五日、『角筈パムフレット第七　家庭の聖書』を聖書研究社より刊行。

四月上旬〜一六日、千葉県鳴浜に行き静養。四月二二日、埼玉県和戸教会で「バプテスマの目的」と題し講演。

五月一〇日、『新希望』を『聖書之研究』の旧題に復した。

六月一二日〜一六日、松本、諏訪に行く。

八月三日〜九日、柏崎で夏期懇話会を開催。

九月一六日、『角筈パムフレット第八　三条の金線』を聖書研究社より刊行。

一〇月一二日〜一五日、宇都宮、本宮に伝道。一〇月一七日、小諸で開かれた北信基督信徒懇親会で「新しき誡め」と題し講演。

一一月一六日〜一八日、大阪の日本組合基督教会天満教会で伝道、一一月一六日「聖書の尊き理由」、一一月一七日「聖書の研究法」、一一月一八日「余は如何にして基督信徒となりし乎」と題し講演。

このころ、*How I Became a Christian* のデンマーク語訳 *Hvorledes jeg blev en Kristen* 刊行される。

一二月、自宅近くに教友会会員のための宿泊施設教友館を設ける。

この年、『新希望』は、毎月一回、七一号（一月一五日）から七四号（四月一〇日）まで刊行し、その後、再び旧題『聖書之研究』に復し、七五号（五月一〇日）から八二号（一二月一〇日）まで発行。

一九〇七年（明治四〇）　四七歳

一月一〇日、「初夢」を『聖書之研究』八三号に発表。

二月一六日、『角筈パムフレット第九　基督教と社会主義』を聖書研究社より刊行。

四月三日～七日に開催される万国基督教青年会大会に反対を表明。四月一三日、父宜之死去。四月二〇日、『教友』第一号刊。

五月一一日～一二日、宇都宮に伝道。

六月四日、五日、大阪の天満教会に行き、四日、「近代の聖書研究」、五日、今井樟太郎一周年記念会で「友交の秘義」と題し講演。

八月三日～七日、千葉県鳴浜で夏期懇話会を開催。

九月一八日、『保羅の復活論』（聖書短篇第一）を聖書研究社より刊行。

一〇月一〇日～一八日、仙台在住の妹ヨシの夫康託の病気見舞いに行き、帰途、花巻、盛岡、宇都宮で伝道。

一一月一日、角筈より淀橋町柏木九一九番地に移る。

一二月、大阪の香料商永広堂主人故今井樟太郎の妻信子の寄付による今井館ほぼ成り、教友館を閉鎖する。このころ、*Japan and the Japanese* のデンマーク語訳 *Karakterbilleder fra det gamle Japan* 刊行される。

この年、『聖書之研究』は、毎月一回、八三号（一月一〇日）より九四号（一二月一〇日）まで発行。

一九〇八年（明治四一）　四八歳

一月、*Japan and the Japanese* のドイツ語訳 *Japanische charakterköpfe* 刊行される。

二月一五日〜一六日、千葉県鳴浜に伝道。

三月一七日、大阪の天満教会で「不義なる番頭の譬」につき説教（三月二四日まで今井宅に滞在）。

四月一〇日、『聖書之研究』誌一年以上の購読者に聖書講演会出席を認める通知を『聖書之研究』九八号に広告。四月一九日、日本基督教会レバノン教会で講演。四月二九日、*Japan and the Japanese* を *Representative Men of Japan* と改題して警醒社書店より刊行。

五月九日、日蓮宗大学で「予の見たる基督教の真随」と題し講演。

六月三日、『よろづ短言』を警醒社書店より刊行。六月五日、今井館開館式を挙げる。六月六日、『聖書之研究』百号記念感謝会。

八月九日〜一三日、千葉県鳴浜に伝道。

九月一七日、日光に行く。九月二〇日、聖書研究会でアブラハム伝の講義を始める（〜一一月二二日）。

一二月二一日〜二三日、W・グンデルトをともない千葉県小湊地方に日蓮の旧跡を訪ねる。

この年、『聖書之研究』は、毎月一回、九五号（一月一〇日）から一〇五号（一二月一〇日）まで発行。ただし七月は休刊とした。

一九〇九年（明治四二）　四九歳

一月一七日、グンデルトと静岡に行く。一月二五日、『櫟林集第壱輯』を聖書研究社より刊行。

二月三日、高輪教会で講演。

三月七日、聖書研究会でモーセ伝の講義を始める。

四月、筑波山に登る。

七月二〇日～二四日、那須に滞在。七月二七日～八月一一日、千葉県鳴浜に滞在。

九月一〇日、青山学院で行なわれたハリスの妻フローラの葬儀に参列。

一〇月二日～五日、山形に伝道。一〇月二九日、第一高等学校校長新渡戸稲造の読書会グループ、聖書研究会に入会し柏会と名づける。同会会員に岩永裕吉、金井清、川西実三、黒崎幸吉、黒木三次、沢田廉三、膳桂之助、高木八尺、田島道治、塚本虎二、鶴見祐輔、前田多門、三谷隆正、森戸辰男、藤井武らがあり、のち矢内原忠雄、金沢常雄らも参加。

一一月一九日～二一日、足利、宇都宮に行く。一一月三〇日、『歓喜と希望』を聖書研究社より刊行。

この年、『聖書之研究』は、一月と八月を休刊とし、一〇六号（二月一〇日）から一一五号（一二月一〇日）まで毎月一回発行。

一九一〇年（明治四三）　　五〇歳
一月一七日、グンデルトと静岡に行く。

三月五日～六日、千葉県鳴浜に行く。三月三〇日、『近代に於ける科学的思想の変遷』を聖書研究社より刊行。

四月一五日～二一日、花巻、中尊寺、石巻、松島、仙台、本宮、宇都宮を訪ねる。

六月四日、世界実業家伝第一回講演会を開き「スチーブン・ジラードの話」をする。

七月三日、自宅隣のグンデルト宅が、同人の新潟県村松移転のため空き、これを借用改築してルーテル館と名づけ開館する。七月二五日、千葉県鳴浜に行き滞在（～八月一七日）。

九月二日、青木義雄と日光に行く（～九月五日）。九月二五日、ルーテル館で「ルーテル伝講話」を開講する。

一〇月一日～四日、福島県本宮に伝道。一〇月一五日、長野県の研成義塾創立満十二年感謝記念会に出席し、「教育の基礎としての信仰」と題し講演。一〇月二一日～二六日、関西に行く。

一二月四日、静岡の製茶業富士合資会社の青年会で「信仰の必要」と題し講演。

この年、『聖書之研究』は、毎月一回、一一六号（一月一〇日）から一二六号（一二月一〇日）まで発行、ただし三月を休刊とした。

一九一一年（明治四四）　五一歳

一月一二日、千葉県御宿に行く。

三月二〇日、「満五十歳に成りての感」を『聖書之研究』一二九号に発表。

四月二日、大阪の天満教会で講演。四月一一日、長崎のメソヂスト教会で「聖書研究の話」と題し講演、帰途、岡山孤児院、津山、京都、名古屋を訪れる。

六月六日、今井樟太郎没後五周年記念会を今井館で開催しジョン・ブライトにつき講演。

七月五日、『洪水以前記』を聖書研究社より刊行。この月下旬、塩原に行く。

八月一四日～一五日、千葉県御宿に行く。

九月一〇日、「世界の平和は如何にして来る乎」を『聖書之研究』一三四号に発表。九月一一日、那須に行く。

一〇月二二日、聖書研究会で「デンマルク国の話」をする。

一一月一〇日、「デンマルク国の話」を『聖書之研究』一三六号に発表。

一二月一日、花巻で行なわれた高橋ツサ子の葬儀に参列。

この年、『聖書之研究』は、毎月一回、一二七号（一月一〇日）から一三七号（一二月一〇日）まで発行、ただし四月は休刊とした。

一九一二年（明治四五・大正元）　五二歳

一月一二日、娘ルツ死去（一九歳）。一月三〇日、聖書研究会会員南原繁、坂田祐ら白雨会を結成（二月四日命名）。

二月一二日、ルツの一カ月記念に集まった女性の会をモアブ婦人会と名づける。二月二二日、復活聖堂で行なわれたニコライの葬儀に参列。

三月七日、大森で「基督教と其信仰」と題し講演。三月一七日、千葉県一宮町に行き「家庭と宗教」、「如何したら平和に死ねるか」と題し講演。

四月一二日、青山学院で開催された本多庸一追悼会に出席し「日本の基督教界に於ける故本多庸一君の位置」と題し演説。四月二八日、数寄屋橋教会で「地上の教会に関するイエスの比喩的予言」と題し講演。

五月一〇日、日本基督教会レバノン教会で「宗教の要素」と題し講演。五月二六日、数寄屋橋教会で「四福音書に就て」と題し講演。

六月一四日～二一日、伊香保に滞在。六月二三日、数寄屋橋教会で「馬太伝と路加伝」と題し講演。

七月二日、芝の惟一館で開催された米国ユニテリアン協会会長（前ハーヴァード大学総長）C・W・エリオットの歓迎会に出席。七月八日、東京基督教青年会館で開催された廓清会の研究会に出席し「聖書の力と廃娼の事実」を語る。七月一三日、群馬県妙義町に行く。七月一五日、

『独立短言』を警醒社書店より刊行。七月末、日光に滞在（～八月五日）。

九月三日、伊香保に行き『所感十年』の編纂にしたがう（～九月一〇日）。

一〇月一一日～二〇日、札幌に伝道。一〇月一三日、札幌独立教会で「我は福音を恥とせず」、一〇月一四日、札幌教育会会堂で「基督教は如何にして始めて札幌に伝へられしや」、一〇月一五日より札幌独立基督教会で四回にわたり新約聖書ロマ書を講演（～一八日）。一〇月一七日、北星女学校で講演し、午後、札幌独立基督教会で開かれた懇親会の席上、クラークの伝道を記念しクラーク記念会堂の建設を提案、決定される。一〇月一九日、東北帝国大学農科大学（旧札幌農学校）で「宗教と農業」と題し講演、一〇月二〇日、札幌独立基督教会で「神の愛」につき説教、秋田を経て帰京。

一一月三日、レバノン教会で「現今日本の倫理問題」と題し講演。一一月一三日、『商売成功の秘訣』を宝積寺銀行宇都宮支店より刊行。一一月一五日～一七日、津山で聖書講演会を開催、帰途、明石、京都に寄る。

この年、『聖書之研究』は、毎月一回、一三八号（一月一〇日）から一四九号（一二月一〇日）まで発行。

一九一三年（大正二）　五三歳

一月六日～一〇日、逗子に滞在。一月二六日、この日より聖書研究会においてダビデ伝を四回にわたり講演。

二月五日、『所感十年』を聖書研究社より刊行。二月一六日、静岡に行き、富士合資会社内青年会で、「世を救ふ唯一の力」、「塩と平和」、「立憲政治と基督教」と題し講演。二月二一日、『デンマルク国の話』を聖書研究社より刊行。

四月七日～二三日、静養のため八丈島に福田藤楠をともない滞在、四月一六日には大賀郷村高等小学校で「東洋道徳と西洋道徳」と題し講演。

五月七日、『万朝報』に"The passing of America"を発表し、米国の排日法に反対を表明。五月一三日～一八日、新潟県に伝道、グンデルトの伝道援助のため村松町で、五月一三日、「善を行ふの力」と題し講演、五月一四日も同地で講演。五月一七日および一八日は新津の大鹿教友会のため聖書講義。

六月一五日～一六日、宇都宮に行く。

八月九日、妻しづの父岡田透死去（八月一日）のため京都に行き、同地で三回聖書講義を行なう。帰途、弁天島に一泊。八月一六日～二三日、千葉県鳴浜に滞在。

九月一八日～一九日、箱根に行く。

一〇月一日、『内村先生講演集』、東北帝国大学農科大学基督教青年会より刊行される。一〇月二八日、今井館付属柏木聖書講堂の献堂式を挙げる。

一二月一一日、雑司ヶ谷墓地内の娘ルツの墓に「再た会ふ日まで」の碑を建てる。一二月一八日、『研究十年』を聖書研究社より刊行。

このころ、*How I Became a Christian* のフランス語訳 *La Crise d'ame d'un Japonais* がスイスで刊行される。

この年、『聖書之研究』は、毎月一回、一五〇号（一月一五日）から一六一号（一二月一〇日）まで発行。

一九一四年（大正三）　五四歳

二月一日、「山上の垂訓」に関する講義を聖書研究会で始める（～三月二二日）。この月、三浦半島に遊ぶ。

四月五日、『平民詩人』を畔上賢造との共著で警醒社書店より刊行。四月二八日、『宗教と農業』、日本基督教興文協会より刊行される（発行所教文館）。

五月八日～五月一二日、第四高等学校基督教青年会に招かれ金沢に行き、石川鉄雄宅で、五月九日、「宗教の必要」と題し、一〇日はヨハネ伝第一章につき講演、一一日は金沢教会で「私の聖書」と題し講演。

六月八日、この日より一週間伊香保に滞在。六月二六日、青山学院および青山女学院基督教青年会共催の講演会で"Be Ambitious"と題し講演。この月、日本バプテスト神学校卒業式で「永遠に在す基督」と題し講演。

七月八日、『宗教と現世』を警醒社書店より刊行。七月三〇日～八月一日、基督教青年会第二四回夏期学校、神奈川県浦賀町で開催され、七月三〇日、「過去二十年」、七月三一日、「基督教とは何ぞや」、八月一日、「約翰伝は何を教ゆるか」と題し講演。

九月二日、この日より約一週間、塩原に滞在。

一〇月四日、レバノン教会で「欧州の戦乱と基督教」と題し講演。一〇月一七日～一八日、下野教友会主催の講演会で宇都宮に行き、一七日、「宗教とは何ぞや」、一八日、「基督教とは何ぞや」と題し講演。

一一月一五日、聖書研究会でイザヤ書講義を始める（～一二月一三日）。

一二月一五日、『感想十年』を聖書研究社より刊行。

この年、『聖書之研究』は、毎月一回、一六二号（一月一〇日）から一七三号（一二月一〇日）まで刊行。

一九一五年（大正四）　五五歳

一月一〇日、「戦争の止む時」を『聖書之研究』一七四号に発表。

二月一三日、浅田ノブと日永初太郎の結婚式の司式をつとめる。

三月二一日、茨城県高浜町で開催された茨城県『聖書之研究』読者会に出席し、「福音と来世」につき講演。

四月一五日〜一六日、茨城県那珂湊で開催された基督友会第二〇回大会に招かれ「モーリス氏記念講演」を行なう。

五月一七日、このころイギリス人ジャーナリスト、ロバートソン・スコットとともに千葉県鳴浜に行く。五月三〇日、聖書研究会でヨブ記の講義を始める（〜六月二七日）。また東京朝鮮基督教青年会館で「教会と聖書」と題し講演。

六月三日、宇都宮に行く。

七月一六日〜九月九日、日光の禅智院に滞在。

九月一七日、レバノン教会で行なわれた福田錠二牧師の妻紀子の葬儀で「櫟林樹下の涙」と題し説教。九月一九日、山形県鶴岡の郡会議事堂で「宗教と其の必要」と題し講演。

一〇月一〇日、聖書研究会で旧約聖書伝道之書の講義を始める（〜一一月一四日）。一〇月二一日、日光に紅葉見物。

一一月二一日、明石の郡立公会堂で「信者の三大知覚」につき講演。

一二月二〇日、『旧約十年』を聖書研究社より刊行。一二月二六日、山形県理事官を辞し、助手となるため上京した藤井武を大久保駅に迎える。

この年、『聖書之研究』は、毎月一回、一七四号（一月一〇日）から一八五号（一二月一〇日）までを発行。

一九一六年（大正五）　五六歳

一月一三日、目の治療のため名古屋に行き、同地の『聖書之研究』読者と会合する。

二月八日～九日。小諸に行く。

四月二日、千葉県東金町で開かれた千葉県『聖書之研究』読者会で新約聖書使徒行伝二六章につき講演。四月三日、田村直臣の牧する数寄屋橋教会四十年記念祝会に出席。四月九日、聖書研究会で出エジプト記の講義を始める（～一二月）。四月一〇日、『聖書之研究』一八九号に「神の忿怒と贖罪」を発表し、同誌一八八号に掲載された藤井武の「単純なる福音」に反論。

五月三日、館林につつじ見物。五月六日、米国聖書会社創立百年記念会、東京基督教青年会館で開催され、山室軍平、井深梶之助とともに講師として出席、「日本に於ける聖書研究」と題し講演。

六月三日、奈良に行く。六月四日、大阪の天満教会で講演。六月五日、『旧約聖書　伝道之書』を聖書研究社より刊行。六月一五日、群馬県伊勢崎町で「失敗の成功」と題して語る。

七月一三日～八月七日、長野県追分に滞在。この間、七月三〇日には小諸で開かれた南北佐久郡旧新信者懇親会に出席し「汝等も亦去らんと意ふ乎」と題し講演。

八月、D・C・ベルより送られてきた *The Sunday School Times* のなかで、C・G・トランブルの再臨信仰の記事を読む。

九月一〇日、「欧州戦争と基督教」を『聖書之研究』一九四号に発表。九月一三日、日光に行く。

一〇月一五日、栃木県『聖書之研究』読者会を氏家の青木義雄宅で開催、「聖書の読方」と題し講演。

一一月一二日～一三日、京都の『聖書之研究』読者会に出席、一二日は「約翰第一書三章一～三節」および「愛の表明」につき語り、一三日は「加拉太書第五章五節」につき講演。

一二月一七日、聖書研究会でルカ伝の講義を始める（～一九一七年六月二四日）。

この年、『聖書之研究』は、毎月一回、一八六号（一月一〇日）から一九七号（一二月一〇日）まで発行。

一九一七年（大正六）　五七歳

三月八日～九日、宇都宮に行く。三月一〇日、『聖書之研究』二〇〇号を発行。

四月二日、箱根で開催された朝鮮基督教青年会修養会の会合で「相互の理解」と題し講演。四月二二日、長野県下諏訪町で『聖書之研究』読者会開かれ、「義なるキリスト」と題し講演。

五月一〇日、「米国の参戦」を『聖書之研究』二〇二号に発表。

七月一〇日、「戦争廃止に関する聖書の明示」を『聖書之研究』二〇四号に発表。七月二九日～三〇日、千葉県鳴浜に行く。

八月五日、『復活と来世』を聖書研究社より刊行。八月一〇日、このころ、妻しづの母の病気見舞いのため京都に行く。八月一六日～二二日、『聖書之研究』読者家庭団欒会を箱根の東山荘で開催。

九月三日、宇都宮に行く。

一〇月四日、妻しづの母死去し葬儀のため京都に行く（～一〇月一三日）。一〇月七日、佐伯理一郎宅で「環視と仰上」、一〇月九日、同志社大学で「カーライルの研究」、一〇月一〇日、京都帝国大学基督教青年会の宗教改革四百年記念講演会で「改革者となるまでのルーテル」と題し講演。一〇月一七日、長野県別所で同地方の『聖書之研究』読者会に出席。一〇月三一日、東京基督教青年会館で、村田勤、佐藤繁彦とともに、宗教改革四百年記念講演会を開催、「宗教改革の精神」と題し講演。

一一月一五日、神奈川県秦野町で開かれた『聖書之研究』読者会で「信仰の階段」と題し講演。

この年、『聖書之研究』は、毎月一回、一九八号（一月一〇日）から二〇九号（一二月一〇日）まで発行。

一九一八年（大正七）　五八歳

一月六日、聖書の預言的研究演説会を、中田重治、木村清松とともに東京基督教青年会館で開催、「聖書研究者の立場より見たる基督の再来」と題し講演、再臨運動を開始する。一月一〇日、宇都宮へ行く。

二月一〇日、第二回聖書の預言的研究演説会を東京基督教青年会館で開き「馬太伝に現はれたる基督の再来」と題し講演。

三月三日、第三回聖書の預言的研究演説会を東京基督教青年会館で開き「世界の平和は如何にして来る乎」と題し講演。三月一〇日、大阪の天満教会で、午前に「信仰の三階段」、午後に「基督の再来」と題し講演。三月一一日、法隆寺、天理教本部を訪れる。三月一二日、天満教会で再臨信者の祈禱親睦会を開き、中田重治、木村清松、武本喜代蔵、河辺貞吉、藤本寿作らと日本基督教希望団の設立を発表。三月一三日、京都基督教青年会館で「世界の最大問題」と題し講演。三月三〇日、神戸女学院の卒業式に出席し「真善美の摂取と消化」と題し講演。三月三一日、神戸基督教青年会館で「基督の復活と再来」と題し講演。

四月三日、東京再臨信者の親睦会、大山園で開催され演説する。四月五日、藤井武、中田信蔵編『教友』発行され「教友の再興を祝す」を掲載。四月七日、日本基督教希望団主催による第二次聖書の預言的研究演説会、三崎町バプチスト会館で開催され、同日「基督の復活と再臨」と題し講演、以後六月二三日まで毎週日曜日の午後同所で講演する。四月一二日、横浜に行き、米国聖書会社の聖書販売人に講演。

五月三日〜四日、柏会の後身エマオ会の演説会が東京帝国大学基督教青年会館で開かれ、出席して演説する。五月一八日、神戸基督教青年会館で講演。五月一九日、大阪の天満教会で「再臨の光を以て見たる山上の垂訓」と題し講演。五月二〇日、神戸教会で説教。五月二一日、京都基督教青年会館で講演。五月二六日、横浜の基督教青年会館で「世界戦争と基督教」と題し講演。このころ、聖書研究会内の教友会、エマオ会、白雨会、再臨運動のために合同して柏木教友会を結成する。

六月二六日〜七月二三日、北海道伝道旅行。六月三〇日、札幌独立基督教会で「基督再臨の聖書的根拠」と題し講演、ひき続き七月七日まで同所で四回講演する。

七月八日は旭川、七月一二日は網走、七月一三日と一四日は野付牛、七月二〇日、二一日は函館において、それぞれ講演。七月三〇日〜三一日、箱根で開かれた基督教徒修養会に出席し「再臨と聖書研究」、「再臨宣伝の注意」、「再来の時期」につき講演。

八月一四日〜八月二〇日、福島県本宮、宮城県鳴子、山形県上ノ山に行く。八月二四日、軽井沢の外国人会堂で宣教師に“Bible teaching in Japan, emphasizing the Second Coming of Christ”と題し講演。八月二五日、“Forty years of Christian belief, emphasizing the Second Coming of Christ”

と題し講演。八月二六日、この日より日記「日々の生涯」の執筆を始め『聖書之研究』二一九号（一〇月一〇日）より連載する。

九月一一日～一四日、伊香保に滞在。九月一五日、柏木兄弟団の署名式行なわれる。九月二二日、聖書講演会を東京基督教青年会館で開始し「聖書に対する吾人の態度」と題し講演。

一〇月一一日～一三日、岡山聖書講演会を同県県会議事堂で開催。一〇月一一日「世界問題としての基督再臨」、一〇月一二日「聖書問題と再臨問題」、一〇月一三日「聖書の大意」と題し講演。

一一月一日、『基督再臨問題講演集』を岩波書店より刊行。一一月八日～一〇日、A・オルトマンス、W・P・バンカム、M・A・クラゲット、中田重治、沢野鉄郎らと基督再臨研究東京大会を東京基督教青年会館で開催、「聖書と再臨」をはじめ五回講演。一一月二一日、千葉の日本同盟基督協会会堂で「世界戦争に現はれたる神の審判」と題し講演。

一二月一日、東京基督教青年会館で「国家的罪悪と神の裁判」と題し講演。一二月一二日～一四日、横須賀の軍人伝道義会を訪ねる。一二月二二日、東京基督教青年会館で「平和の到来」と題し講演。

　この年、『聖書之研究』は、毎月一回、二一〇号（一月一〇日）から二二一号（一二月一〇日）まで発行。

一九一九年（大正八）　五九歳

一月一日、東京基督教青年会の新年礼拝会で「創世記第一章第一節」につき講演。一月三日、鎌倉に行く。一月一七日～一九日、中田重治、平出慶一、藤井武とともに大阪中之島公会堂で開催された基督再臨研究大阪大会に出席し、一月一七日、一月一八日「万民に関はる大なる福音」、一月一九日「伝道と基督の再臨」と題し講演。

二月五日、三崎町バプチスト会館で開かれた猶太人問題研究会に出席。

三月一七日、富士見町教会でJ・デューイの講演を聞く。三月二三日、聖書研究会で「パウロの復活論」の講義を始める（〜四月二〇日）。

四月二四日、第一高等学校で「新武士道」と題し講演。

五月一三日、基督教界革正大演説会、東京基督教青年会館で開催され、中田重治、青木庄蔵らとともに登壇、「基督教界革正の必要」につき講演。この日、上京中の北海道帝国大学総長佐藤昌介を訪ね、同大学に内村鑑三謝恩奨学金（一千円）を贈る。五月一四日〜一六日、箱根に行く。

五月一五日、『内村全集　第壱巻』を警醒社書店より刊行（一九二三年『慰安と平安』に改題）。

五月二一日〜二四日、那須に行き、二三日は宇都宮で「現代に処する道」につき語る。五月二四日、鉄道ミッション三十年記念会に出席。五月二七日、東京基督教青年会より同会館使用拒絶の通知を受ける。

六月一日、聖書研究会の会場を丸の内の大日本私立衛生会館に変更して行なう。六月一八日〜二一日、塩原に滞在。

七月一日、『人道の偉人　スチーブン・ジラードの話』を警醒社書店より刊行。七月六日、千葉県東金町で講演。七月一一日、大垣の宣教師S・L・ワイドナーと養老の滝を見る。七月一二日、一三日、神戸教会で講演。七月一六日、一七日、京都基督教青年会館で開かれた京都平信徒革正会において講演。七月一六日の演題は「健全なる宗教」。七月二四日〜八月一日、那須に滞在。

八月三日、富永徳磨『基督再臨を排す』の広告問題で警醒社書店に『内村全集』の発行中止を申し入れる。八月五日〜八月一五日および八月二一日〜八月三〇日、那須に滞在。

九月一八日、宇都宮に行き、「世界の現状と基督の再臨」と題し講演。九月二一日、大日本私立衛生会館における講演を東京聖書講演会と名づける。この日より「モーセの十誡」に関する講義を開始する（～一一月二三日）。

一〇月一六日、埼玉県粕壁の信仰団体羊会主催の講演会に出席。一〇月二三日、千葉の日本同盟基督協会で「世界の現状と基督の再臨」と題し講演。

一一月五日、横須賀に行き、星田光代（E・フィンチ）の病気を見舞う。

一二月八日、『信仰日記』を岩波書店より刊行。一二月二一日、柏木の東京聖書学院でユダヤ人問題研究講演会開かれ、「月足らぬ者」と題し講演。一二月二三日、普連土女学校のクリスマス祝賀会で演説。

　この年、『聖書之研究』は、毎月一回、二二二号（一月一〇日）から二三三号（一二月一〇日）まで発行。

一九二〇年（大正九）　六〇歳

一月一一日、聖書研究会で旧約聖書ダニエル書の講義を始める（～三月一四日）。

二月二四日、仙台に行き義弟木村康託の葬儀に参列。

三月一八日、宇都宮の下野教友会で「改造と解放」と題し講演。この月、住友寛一の結婚問題で藤井武と意見を異にし、藤井は去る。

四月二日、星之友会を開き、毎週金曜日に同会会合をもつことに定める。四月一七日、四月一八日、兵庫県西之宮で『聖書之研究』読者会を開催し、四月一七日「聖書の立場より見たるキリストの再臨」、四月一八日「人生の実験として見たるキリストの再臨」と題し講演。四月二五日、聖書研究会で旧約聖書ヨブ記の講義を始める（〜一二月一九日）。

六月一五日〜一八日、妻しづの実家岡田家の整理のため京都に滞在。

七月二〇日、『研究第二之十年』を聖書研究社より刊行。七月二三日〜二五日、箱根で開催された全国協同伝道信徒修養会に、森戸辰男、渡辺善太とともに講師として出席、「新約聖書大観」と題し三回講演。同修養会出席をめぐり柏木兄弟団の一部より反対起こる。

八月一二日〜一九日、長男祐之をともない十和田湖に遊ぶ。八月一五日、『山上の垂訓に関する研究』を聖書研究社より刊行。

九月一日〜四日、木曾、諏訪に伝道。九月二〇日、『モーセの十誡』を聖書研究社より刊行。

一〇月八日、黒岩涙香の葬儀に列する。

一一月一五日〜二〇日、湯河原に滞在。

一二月一五日、警醒社書店と和解する。

　この年、『聖書之研究』は、毎月一回、二三四号（一月一〇日）から二四五号（一二月一〇日）まで発行。

一九二一年（大正一〇）　六一歳

一月一六日、聖書研究会でロマ書の講義を始める（〜一九二二年一〇月二二日）。一月一八日〜一月二〇日、佐伯理一郎の母の葬儀のため京都に行く。

三月二一日、宇都宮で「悔改の幸福」と題し講演。三月二五日、『婚姻の意義』を聖書研究社より刊行。この月、満六〇歳に達したことを記念し今井館で毎日曜日午後、日曜学校を始める（主任牧野実枝治）。

四月二日、ペンシルヴァニア知的障碍児養護院の旧友で医師のM・W・バー来日し、横浜に迎える。

四月四日、『万朝報』一万号の祝賀会に出席。

五月一一日、青山学院で行なわれたM・C・ハリスの葬儀に列する。

六月五日、『ルーテル伝講演集』を岩波書店より刊行。この日より東京聖書研究会を会員制とする。

六月一四日～二四日、静養のため伊香保に滞在。

七月六日～九月一五日、沓掛（一〇日より星野温泉）に滞在、この間、七月一九日、D・C・ベル来日し、横浜に迎える。八月二日、小諸小学校の浅間山研究会で火山と日本人の火山性につき講演。八月五日、同じく小諸で開かれた芸術自由教育講習会で「芸術として見たる人の一生」と題して講演。

一〇月一日、『霊交』（編輯人、黒崎幸吉）創刊され「霊交の解」を発表。一〇月一三日、宇都宮の下野実業銀行で講演。

一一月一三日、東京基督教女子青年会で平和に関し講演。

一二月一日、「平和の到来」を『霊交』三号に発表。一二月五日、柏木兄弟団解散。一二月六日、米国宣教師の平和主義者グループの晩餐会で講演。

この年、『聖書之研究』は、毎月一回、二四六号（一月一〇日）から二五七号（一二月一〇日）まで発行。

一九二二年（大正一一）　　六二歳

一月五日、藤井武と和解。一月二二日、ルツ永眠十周年記念会を今井館で開く。

三月二〇日、『約百記講演』を十字架書房より刊行。三月二五日、東洋家政女学校卒業式で「最大美術と最大学問」と題し講演。三月三〇日、朝鮮基督教青年会で講演。

四月六日、勿来の関を訪ねる。四月一三日、アメリカの実業家ウォーターハウスとともに宇都宮に行き、「本当の宗教」と題し講演。四月一五日、『英和独語集』を岩波書店より刊行。

五月二一日、ドイツの神学者カール・ハイムを聖書研究会に迎えて講演。

六月一五日、宇都宮の下野実業銀行で「個人と宗教」と題し講演。六月二四日、京都の佐伯理一郎宅で「ロマ書一五章」を講義。翌日午後、近江八幡にヴォーリズを訪ねる。

七月一四日〜九月一四日、長野県沓掛星野温泉に滞在。

八月一〇日、軽井沢西洋人会堂で「猶太人と日本人」と題し講演。八月一一日、軽井沢ホテルで開かれた聖書教授法研究会に出席。八月二〇日、箱根で開催された基督教平信徒夏期修養会で「罪の贖主としてのイエスキリスト」と題し講演。八月二六日、二七日、沓掛星野温泉で『聖書之研究』読者会開かれ講演。

九月、東京聖書研究会を内村（鑑三）聖書研究会とする。

一〇月三日、九段メソヂスト教会で行なわれた藤井武妻喬子の葬儀で説教。一〇月五日、世界伝道協賛会を結成、以後、毎月一回会合を持つこととし、中国およびアフリカ伝道の献金を始める。

一〇月二九日、聖書研究会で「キリスト伝研究」を始める（〜一九二四年六月二二日）。

一一月五日、『但以理書の研究』を聖書研究社より刊行。

この年、『聖書之研究』は、毎月一回、二五八号（一月一〇日）から二六九号（一二月一〇日）まで発行。

一九二三年（大正一二）　六三歳

二月二五日、『基督信徒の慰』発行三十年記念版を警醒社書店より刊行。二月二八日、『世界伝道の特権』を世界伝道協賛会より刊行。

五月一〇日、宇都宮の下野新聞社大講堂で「残る者と残らざる者」と題し講演。

六月一四日、小石川台町の礫川教会で説教。六月二四日、東京基督教女子青年会で「ホームの建設と基督教」と題し講演。

七月一九日、有島武郎の自殺に関して「背教者としての有島武郎氏」を『万朝報』に発表（～七月二一日まで三回）。七月二〇日～九月二日、沓掛に滞在。

八月五日、軽井沢集会堂で「宗教と実際生活」と題し講演。

九月二日、関東大震災のため沓掛より帰京。九月二三日、関東大震災で大日本私立衛生会館が崩壊したことにより、今井館付属聖書講堂で午前と午後の二回に分け聖書研究会を行なう。

一〇月一日、「天災と天罰及び天恵」を『主婦之友』七巻一〇号に発表。一〇月一〇日、「末日の模型」を『聖書之研究』二七九号に発表。一〇月一七日、塩原に行く。

一一月二〇日、横須賀に星田光代（E・フィンチ）を訪ねる。

一二月六日、秋元梅吉、石河光哉、大賀一郎、斉藤宗次郎、藤本武平二らによる懇話会を洗足会と命名。一二月九日、今井館付属聖書講堂改築のため、聖書研究会会場を女子学院講堂に移す。

この年、ドイツで *Wie ich ein Christ wurde* の改版刊行される。

この年、『聖書之研究』は毎月一回、二七〇号（一月一〇日）から二八一号（一二月一〇日）まで発行。

一九二四年（大正一三）　六四歳

一月一五日、今井館付属聖書講堂改築成り、献堂式を行なう（二〇日より同講堂で日曜日の聖書講義を再開）。

三月三〇日、『苦痛の福音』を警醒社書店より刊行。

五月一一日、午後の聖書研究会で旧約聖書箴言の講義を始める（～一二月）。

六月一日、米国の排日法案に対し、「米国人より金銭を受くるの害」を『国民新聞』に発表。徳富蘇峰との旧交回復し、対米問題に関する論文を多く同紙に寄稿する。六月二日、「米国人の排斥を喜ぶ」を『東京日日新聞』に発表。六月五日、対米問題のため警醒社書店で小崎弘道らと会合。六月一三日午前、府立第一高等女学校で対米問題につき講演、同日午後、霊南坂教会において基督教徒対米問題協議会開催され、植村正久、田村直臣、小崎弘道らとともに出席。六月一六日、霊南坂教会で開かれた対米問題に関する「宣言」起草委員会に出席。六月一九日、宇都宮の下野新聞社で「米国と日本」と題し講演、六月二〇日、『柏木通信』創刊、「発刊の辞」を掲載。六月二三日、対米問題協議会の第二回委員会に出席。六月二七日、基督教徒対米問題協議会開催され、小崎弘道、植村正久、長尾半平、久布白落実ら九人とともに先に起草した宣言書を可決する。

七月一二日～二一日、日光に滞在。七月一九日、「対米所感」を『万朝報』に発表（二三日、三〇日、三一日）。

八月一八日～一九日、群馬県湯檜曾、四万温泉に行く。

この夏、山形県小国に政池仁、横山喜之、岩手県に湯沢健と鰭崎轍を伝道に派遣。

九月六日～一三日、沓掛に滞在。九月一〇日、『羅馬書の研究』を向山堂書房より刊行。

一〇月五日、午前の聖書研究会においてガラテヤ書の講義を開始する（～一九二五年一月二五日）。

一〇月一〇日、基督教徒対米問題協議会委員会に出席。

一一月二九日、内村祐之・久須美美代子の結婚式を今井館付属聖書講堂で挙げる。

一二月二二日、秋元梅吉らによる点字旧新約聖書完成感謝会に出席。

この年、『聖書之研究』は、毎月一回、二八二号（一月一〇日）から二九三号（一二月一〇日）まで発行。

一九二五年（大正一四）　六五歳

一月九日、植村正久の訃に接し弔問に行く。

二月一日、午前の聖書研究会において「十字架の道」と題しキリスト伝講義を開始する（～一九二六年三月二一日）。二月一二日、日本バプチスト神学校で「余の観たる使徒パウロ」と題し講演。

三月一一日、内村祐之、北海道帝国大学助教授として赴任。

四月一五日、内村祐之の渡欧を見送る。

五月一四日、宇都宮に行き、下野教友会主催の演説会で「支那と日本」と題し講演。五月二一日、野口幽香の二葉幼稚園で「小供の宗教々育」につき講演。

六月五日、永広堂東京支店で今井樟太郎永眠第十九年記念会行なわれ「商人と宗教」と題し講演。

六月六日、東京市内外学生大連合礼拝会、青山会館で開催され、高倉徳太郎とともに登壇、「日本国と基督教」と題し講演。六月九日～一一日、沓掛に行く。六月一七日、矢島楫子の葬儀に列する。六月二五日～二六日、時任幸次の結婚式司式のため函館に行き、二六日、遺愛女学校で講演。

七月一二日、『聖書之研究』三百号記念感謝会を開く。七月二四日～九月九日、沓掛に滞在。

九月一日、『ガリラヤの道』を警醒社書店より刊行。九月一二日、祐之夫妻に長女生まれ正子と命名。

九月二七日、午後の聖書研究会でエレミヤ伝の講義を始める（～一九二六年四月一八日）。

一〇月二六日、日本青年館の開館式に出席。一〇月二八日、歩兵第一連隊将校団に感話。

一一月五日、秩父の長瀞に遊ぶ。一一月一七日、栃木県狭間田の「内村学田」の献田式を行なう。

一二月一七日、二葉幼稚園で説教。この日、斯波貞吉の衆議院議員選挙演説会で応援演説をする。

一二月二〇日、「クリスマス夜話＝私の信仰の先生」を『聖書之研究』三〇五号に発表。一二月二二日、青山女学院でクリスマス演説として「故ハリス夫人に就て」語る。

この年、『聖書之研究』は、毎月一回、二九四号（一月一〇日）から三〇五号（一二月一〇日）まで発行。

一九二六年（大正一五・昭和元）　六六歳

一月三日、岡山県津山の森本慶三による基督教図書館開館式に出席して演説。帰途の一月四日、法然の誕生寺を訪ねる。

三月五日、英文雑誌 *The Japan Christian Intelligencer* を創刊（～一九二八年二月）、「主筆内村鑑三、編輯主任山県五十雄」。

四月五日～八日、湯河原、熱海に滞在。四月一〇日、『加拉太書の精神』を向山堂書房より刊行。四月一五日、千葉県鳴浜に行き、農村組合倉庫落成祝賀式で演説。四月一八日、午前の聖書研究会でパウロ伝研究を始める（～一九二七年六月）。

五月二〇日、『商売成功の秘訣　商人と宗教』を永広堂本店より刊行。

六月五日、京都に行き比叡山に登り延暦寺を見る。下山後、同志社に総長海老名弾正を訪ねる。六月六日、大阪の天満教会で「回顧五十年」と題し故今井樟太郎記念講演を行なう。六月七日、同じく芦屋教会で「伝道成功の秘訣」と題し講演。

七月二六日～三一日、沓掛に滞在。この間、七月三〇日、軽井沢で開かれた井上伊之助の台湾伝道後援会で演説。

八月一三日～九月一五日、沓掛に滞在。八月二一日、軽井沢日本人教会でW・S・クラークの日本伝道につき講演。

九月一九日、午後の聖書研究会で「聖書大意」につき講義を始める（～一九二七年三月二七日）。九月二四日、茨城県の磯原に行き「宗教と人生」と題し講演。

一〇月二〇日、『一日一生』を警醒社書店より刊行。

一一月一一日、青山学院で行なわれた渡瀬寅次郎の葬儀に参列。一一月二五日、A・シュヴァイツァーのアフリカ伝道のため献金する。一一月二八日、伊藤一隆の禁酒事業五十年記念会に出席。

　この年、『聖書之研究』は、毎月一回、三〇六号（一月一〇日）から三一七号（一二月一〇日）まで発行。

一九二七年（昭和二）　六七歳
一月五日、ラジオを購入。
二月一八日、「宗教法案に就て」と題する同法案反対意見書を作成し、貴族院、衆議院議員ら八二九人に送付。

三月五日、*The Japan Christian Intelligencer* を山県五十雄と別れ単独編集とする。この日、木村熊二の葬儀に出席し弔辞を述べる。三月一八日、宗教法案反対基督教大会で「完全なる自由」と題し講演。三月二一日、茨城県友部の日本高等国民学校（校長加藤完治）を訪ねる。

四月九日、青山斎場で行なわれた志賀重昂の葬儀に参列。四月一〇日、午後の聖書研究会で旧約聖書エステル記の講義を始める（～五月二二日）。四月一九日、栃木県烏山中学校で二宮金次郎と勉強法につき講演。

六月五日、シュヴァイツァー後援会の設立を定める。六月一〇日、高田女塾で「平凡」につき講演。六月一五日、川治温泉に行く。六月一六日、今市の二宮尊徳の墓を訪ねる。六月一七日、白河の関、白河城址を見る。六月二八日、明治神宮聖域擁護、淀橋工業指定地廃止同盟大演説会、青山会館で開催され、頭山満、益富政助、久布白落美らとともに講師として出席、「我が子の為を思ふて」と題し講演。

七月四日、油壺の東京帝国大学臨海試験所を見学。七月七日、内村祐之の帰国を横浜に迎える。七月二〇日～八月三一日、葉山に滞在。

九月六日、内村祐之一家札幌に移る。九月二一日～二七日、札幌に行き、二四日、北海道『聖書之研究』読者会で「聖書に依る一致」、二五日、札幌独立基督教会で朝は「福音の奥義」、夜は「日本の基督教」、二七日、北海道帝国大学で“Boys be ambitious”と題し、それぞれ講演。なお九月二六日、内村鑑三謝恩記念奨学資金の受給者により札幌内村会結成される。

一〇月二日、聖書研究会の会場を、今井館付属聖書講堂改築のため神宮外苑の日本青年館とする。この日よりイザヤ書の講義を始める（～一九二八年四月二九日）。

一一月三〇日、『空の空なる哉』を向山堂書房より刊行。

一二月二五日、柏木の今井館付属聖書講堂の改築成り、聖書研究会の会場を日本青年館より移す。

この年、『聖書之研究』は、毎月一回、三一八号(一月一〇日)から三二九号(一二月一〇日)まで発行。

一九二八年(昭和三) 六八歳

二月一〇日、*The Japan Christian Intelligencer* を第二巻第一二号をもって廃刊する。

三月二一日、大阪の中之島公会堂で開かれた京阪神『聖書之研究』読者会において、「聖書の中心」と題し講演。三月二九日、女子学院の卒業式で講演。

四月一四日、横井時雄追悼演説会、青山会館で行なわれ「故横井時雄君の為に弁ず」の題で語る。

四月二二日、午前の聖書研究会で旧約聖書ホセア書の講義を始める(~六月二四日)。

六月二日、受洗五十年を記念し、新渡戸稲造、広井勇、伊藤一隆、大島正健とともに青山墓地に行きM・C・ハリスの墓参をする。六月一二日、畔上賢造、三谷隆正、金沢常雄、黒崎幸吉、矢内原忠雄、藤井武、塚本虎二により『内村鑑三先生信仰五十年記念基督教論文集』を贈られる。

七月二七日~九月一五日、札幌に伝道。七月二九日に「恒に変らざる者」と題した講演を札幌独立基督教会で行なったのをはじめ、毎日曜日、同教会の講壇に立つ。八月一七日は『聖書之研究』読者会において同誌の読み方を語り、九月四日は北海道帝国大学のキリスト教信徒による晩餐会で「札幌の任務」、九月五日は小樽の希望館で「北海道特産物の一として見たる独立的基督教」と題し講演。帰途、函館の商工会議所議事堂で九月一六日、「繁栄の基礎」および「宗教の利用に就いて」と題し講演。九月二八日、渡瀬寅次郎の遺志をくみ、興農学園設立用地選定のため静岡県田方郡久連に行く。なお、この日より札幌独立基督教会教務顧問になる。

一〇月四日、広井勇の葬儀で説教を行なう。一〇月一〇日、塚本虎二が『聖書之研究』三三八号に掲載した「無教会主義とは何ぞや（上）」に対し、「積極的無教会主義」を同誌三三九号に発表。一〇月一四日、午前の聖書研究会で旧約聖書オバデヤ書の講義を始める（〜一一月一八日）。一〇月一九日、高崎に行く。

一二月二日、長野県穂高の研成義塾創立三十年記念会に斉藤宗次郎を派遣して「回顧三十年」を代読させる。一二月一五日、『十字架の道』を向山堂書房より刊行。

この年、『聖書之研究』は、毎月一回、三三〇号（一月一〇日）から三四一号（一二月一〇日）まで発行。

一九二九年（昭和四）　六九歳

一月一日〜一一日、静養のため逗子に滞在。一月二日、心臓の肥大を指摘される。一月七日は伊藤一隆の葬儀に列して式辞を述べる。

三月二〇日、山岸壬五の葬儀を今井館付属聖書講堂で行なう。

四月八日、日本赤十字病院で診察を受けた結果、心臓の大きな異常を告げられ静養生活に入る。

七月三日〜五日、千葉県富津に行く。七月二五日〜九月一六日、沓掛に滞在。

一〇月二五日、札幌独立基督教会教務顧問を辞任。

一一月三日、聖書研究会で創世記の講義を始める（〜一二月二二日）。

一二月一二日、日本組合基督教会霊南坂教会で、同教会創立五十年記念祝賀会ならびに小崎弘道牧師就職五十年記念会が開かれ「信仰復興のきざし」と題し演説。一二月二二日、一九二四年以来助手を務めてきた塚本虎二を聖書研究会から分離独立させる。

この年、『聖書之研究』は、毎月一回、三四二号（一月一〇日）から三五三号（一二月一〇日）まで発行。

一九三〇年（昭和五）　七〇歳

一月一二日、聖書研究会において「パウロの武士道」につき語る。

三月二六日、古稀感謝祝賀会開かれる。三月二八日、午前八時五一分、心臓病により死去する。三月三〇日、今井館付属聖書講堂で葬儀行なわれる。

四月六日、内村聖書研究会解散。雑司ヶ谷墓地に遺骨埋葬（一九三一年三月一六日多摩霊園第八区甲一六側に改葬）。四月二五日、『聖書之研究』は三五七号をもって終刊となる。

著者紹介

鈴木範久（すずき・のりひさ）

1935年生まれ。専攻、宗教学宗教史学。立教大学名誉教授。

著　書　『明治宗教思潮の研究』（東京大学出版会、1979）、『内村鑑三』（岩波新書、1984）、『内村鑑三日録』全12巻（教文館、1993-99）、『聖書の日本語』（岩波書店、2006）、『内村鑑三の人と思想』（岩波書店、2012）、『日本キリスト教史——年表で読む』（教文館、2017）、『聖書を読んだ30人——夏目漱石から山本五十六まで』（日本聖書協会、2017）、『文語訳聖書を読む——名句と用例』（ちくま学芸文庫、2019）、『内村鑑三交流事典』（同、2020）、『聖書語から日本語へ』（教文館、2023）ほか。

編　集　『内村鑑三全集』全40巻（岩波書店、1980-84）ほか。

監　修　『日本キリスト教歴史人名事典』（教文館、2020）。

翻　訳　内村鑑三『代表的日本人』（岩波文庫、1995）など。

内村鑑三問答

2024年7月12日　第1版第1刷発行

著　者　鈴木範久

発行者　小林　望

発行所　株式会社新教出版社

〒162-0814 東京都新宿区新小川町9-1

電話（代表）03（3260）6148

振替 00180-1-9991

印刷・製本　モリモト印刷株式会社

ISBN 978-4-400-21341-3　C1016